essentials

essentials liefern aktuelles Wissen in konzentrierter Form. Die Essenz dessen, worauf es als „State-of-the-Art" in der gegenwärtigen Fachdiskussion oder in der Praxis ankommt. *essentials* informieren schnell, unkompliziert und verständlich

- als Einführung in ein aktuelles Thema aus Ihrem Fachgebiet
- als Einstieg in ein für Sie noch unbekanntes Themenfeld
- als Einblick, um zum Thema mitreden zu können

Die Bücher in elektronischer und gedruckter Form bringen das Expertenwissen von Springer-Fachautoren kompakt zur Darstellung. Sie sind besonders für die Nutzung als eBook auf Tablet-PCs, eBook-Readern und Smartphones geeignet. *essentials:* Wissensbausteine aus den Wirtschafts-, Sozial- und Geisteswissenschaften, aus Technik und Naturwissenschaften sowie aus Medizin, Psychologie und Gesundheitsberufen. Von renommierten Autoren aller Springer-Verlagsmarken.

Weitere Bände in der Reihe http://www.springer.com/series/13088

Carsten Burfeind

Mobbing am Arbeitsplatz erkennen und verstehen

Tipps für verantwortliches Handeln im BGM

 Springer

Carsten Burfeind
Burfeind | Beratung
Berlin, Deutschland

ISSN 2197-6708   ISSN 2197-6716   (electronic)
essentials
ISBN 978-3-658-31285-5   ISBN 978-3-658-31286-2   (eBook)
https://doi.org/10.1007/978-3-658-31286-2

Die Deutsche Nationalbibliothek verzeichnet diese Publikation in der Deutschen Nationalbibliografie; detaillierte bibliografische Daten sind im Internet über http://dnb.d-nb.de abrufbar.

Planung/Lektorin: Eva Brechtel-Wahl
Springer ist ein Imprint der eingetragenen Gesellschaft Springer Fachmedien Wiesbaden GmbH und ist ein Teil von Springer Nature.
Die Anschrift der Gesellschaft ist: Abraham-Lincoln-Str. 46, 65189 Wiesbaden, Germany

Was Sie in diesem *essential* finden können

- Unterscheidung von Konflikten und Mobbing und eine Arbeitsdefinition von Mobbing
- Einführung in die Konflikteskalation und Mobbingdynamik
- Betriebliche und individuelle Ursachen und Folgen von Mobbing
- Handlungsempfehlungen und rechtliche Hinweise für akute Mobbingsituationen
- Empfehlungen für eine betriebliche Mobbingprävention

Vorwort

In diesem Buch will ich Akteuren im Betrieblichen Gesundheitsmanagement, Personalvertretungen, Personalverantwortlichen, Führungskräften und auch von Mobbing Betroffenen einen Überblick über die m. E. wichtigsten Aspekte rund um das Thema Mobbing am Arbeitsplatz geben. Die Behandlung des Themas kann nicht abschließend sein und manche Aspekte werden fehlen. Mein Ziel wäre erreicht, wenn die Lektüre eine innere Haltung stärkt, eindeutig und verbindlich, auch mutig, den allerersten Anfängen von Mobbing entgegenzuwirken, Betroffene zu unterstützen und Verursacher, Mobber, frühzeitig zu stoppen – selbst dann, wenn noch gar nicht geklärt ist, ob es sich bei dem, was geschieht, um Mobbing handelt. Ein Gedanke ist für mich zentral: Mobbing ist ein systemisches Geschehen, das nicht verstanden werden kann, wenn nicht auch die psychischen Belastungen und Fehlbeanspruchungen am Arbeitsplatz in den Blick genommen werden. Die Bewältigung von Mobbing am Arbeitsplatz geschieht, *bevor* Mobbing geschieht.

▶ Mobbing ist ein systemisches Geschehen, das nicht verstanden werden kann, wenn nicht auch die psychischen Belastungen am Arbeitsplatz in den Blick genommen werden.

Das Buch will den Leserinnen und Lesern meine Haltung zum Mobbing nahebringen. Sie ist gewachsen in langjähriger Arbeit als Mediator, in der Konfliktklärung in Teams, der Beratung von Führungskräften und von Mobbing Betroffenen, in Schulungen für Beschäftigte und Führungskräfte zu psychischen Belastungen am Arbeitsplatz, Konfliktmanagement und Gesprächsführung und in der Durchführung und Begleitung psychischer Gefährdungsbeurteilungen.

In diesem Buch versuche ich weitgehend auf das Begriffspaar Täter-Opfer zu verzichten, da diese Dichotomie Verantwortlichkeiten und Schuldzuschreibungen bereits verteilt hat und eine genaue Analyse des systemischen Geschehens erschwert. Es werden vorrangig die Begriffe Verursacher, Mobber sowie Zielperson oder Betroffene verwendet – alle Bezeichnungen wie auch der Text insgesamt möglichst Gender-neutral.

Carsten Burfeind

Inhaltsverzeichnis

Über den Autor

Carsten Burfeind, M.A.
Burfeind | Beratung
Heidenheimer Str. 5, 13467 Berlin
info@burfeind-beratung.de
www.burfeind-beratung.de

Einleitung und Überblick

Mobbing am Arbeitsplatz ist eine Problemlösungsstrategie. Mobbing ist kein einfach nur böswilliger Akt eines Menschen gegen einen anderen. Es gibt nicht *den Täter* oder *die Täterin,* die in *jedem* betrieblichen Setting gegen *jede* beliebige Person zu Tätern werden. Um Mobbing zu verstehen und am Arbeitsplatz entgegenzuwirken, ist es wichtig zu verstehen, dass Mobbing immer ein Handeln *einer bestimmten Person* (oder auch mehrerer) gegen *eine bestimmte Person* in *einem bestimmten* betrieblichen *Setting* ist: Mobbing am Arbeitsplatz findet immer in einem Mobbingdreieck zwischen Organisation, Verursacher/in und Zielperson statt (Abb. 1.1).

Dass Mobbing keine angemessene Problemlösungsstrategie ist, muss nicht extra betont werden – auch wenn das Ergebnis von Mobbing für Verursacher und Zuschauerinnen und Zuschauer manchmal durchaus erwünscht ist. Mobbing ist eine höchst *dysfunktionale* Problemlösungsstrategie. Sie schädigt nicht nur und vor allem die Zielperson, sondern auch die Zusammenarbeit der betroffenen Teams, strahlt aus in das betriebliche Umfeld, stört die Arbeitsfähigkeit und Produktivität des Unternehmens und verringert das Unternehmensergebnis insgesamt.

Die bisher einzige große Untersuchung zum Mobbinggeschehen in Deutschland wurde von der Bundesanstalt für Arbeitsschutz und Arbeitsmedizin *(baua)* durchgeführt und als sog. Mobbing-Report veröffentlicht *(Meschkutat* 2002). Ende 2000 bis Anfang 2001 wurden 4.396 Telefoninterviews geführt und bis Mitte 2001 gingen 1.317 verwertbare Fragebögen einer vertiefenden schriftlichen Befragung ein.

In den Telefoninterviews und qualitativen Befragungen ergab sich: Zum Befragungszeitpunkt wurden, so der Report, 2,7 % oder eine von 37 der befragten Personen gemobbt. Im gesamten Jahr 2000 haben 5,5 % Mobbing erlebt (einer

C. Burfeind, *Mobbing am Arbeitsplatz erkennen und verstehen,* essentials, https://doi.org/10.1007/978-3-658-31286-2_1

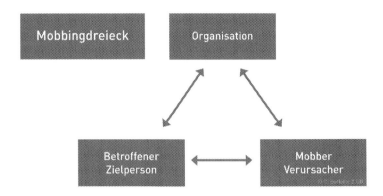

Abb. 1.1 Mobbingdreieck. (© C. Burfeind 2020)

von 18). 11,3 % (einer von neun) gaben an, im Verlauf ihrer Erwerbsbiografie schon einmal gemobbt worden zu sein (*Meschkutat* 2002, S. 23 f.). Bei ca. 33,62 Mio. sozialversicherungspflichtig und ca. 7,27 Mio. geringfügig Beschäftigten in Deutschland (Bundesagentur für Arbeit für März 2020) entspräche das rund 4,62 Mio. Beschäftigten, die Mobbing an eigenem Leib und eigener Seele erfahren haben.

Im fünften *European Working Conditions Survey* (EWCS) von 2015, einer großen europaweiten Befragung u. a. zu Gewalt und Belästigung am Arbeitsplatz der *European Foundation for the Improvement of Living and Working (Eurofound)*, gaben 17,4 % der Befragten aus Deutschland an, von „negativem Sozialverhalten" am Arbeitsplatz *(Adverse Social Behaviour)* betroffen zu sein *(Eurofound* 2015, S. 86). In der sechsten Befragung (*Eurofound* 2017, S. 68, 138) sind es im Jahr vor der Befragung ca. 16 % aller Befragten, darin eingeschlossen ca. 5 %, die explizit von Mobbing *(bullying/harassment)* betroffen waren. Das entspricht in etwa den Werten des Mobbing-Reports (5,5 %). Weitere Studien zum Mobbing und zum Cybermobbing hat das *Bündnis gegen Cybermobbing e. V.* in den Jahren 2014 und 2018 durchgeführt.

Die Zahlen des Mobbing-Reports wurden vor inzwischen 20 Jahre erhoben. In den Jahren seit dem Report liegt ein Schwerpunkt der deutschen Mobbingforschung auf den Themen Mobbing in der Schule und Cybermobbing. Wie die genannten Zahlen der EWCS von 2017 – und auch die Studien des *Bündnisses gegen Cybermobbing e. V.* – zeigen, hat sich das Mobbinggeschehen am Arbeitsplatz jedoch nicht grundsätzlich verändert. Die Themen Mobbing, Gewalt und

Belästigung am Arbeitsplatz spielen weiterhin eine große Rolle im Arbeitsplatzerleben der Beschäftigten in Deutschland wie europaweit.

> **INFO**
> Ein Mobbingprozess dauert im Durchschnitt und gerundet 1,5 Jahre (16,4 Monate). Mehr als die Hälfte wird bereits nach weniger als zwölf Monaten beendet. Als Verursacher oder aktiv Beteiligte gelten in ca. 51 % der Fälle die Vorgesetzten, in ca. 55 % sind Kollegen/-innen beteiligt oder alleinige Akteure, in 2,3 % der Fälle Untergebene (Abb. 1.2a). Besonders die Altersgruppe der 35- bis 54-Jährigen wird als Verursacher identifiziert (Abb. 1.2b) (*Meschkutat* 2011, S. 16).

Wenn grob gerundet jede und jeder sechste Erwerbstätige (6. EWCS: 16 %) Erfahrungen mit Gewalt und Belästigung am Arbeitsplatz hat und jede und jeder

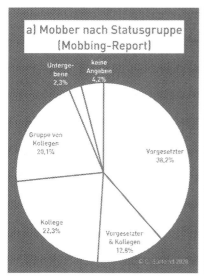
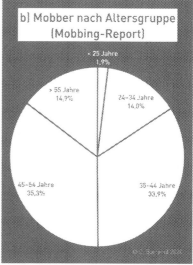

Abb. 1.2 Mobber nach Status- und Altersgruppen. (Nach *Meschkutat* 2011, S. 16; © C. Burfeind 2020)

zehnte mit Mobbing (Mobbing-Report: 11,3 %), dann kann sehr vorsichtig vermutet werden, dass mindestens jede und jeder zweite Beschäftigte, also die Hälfte aller Beschäftigten, bereits Gewalt, Belästigung und Mobbing am Arbeitsplatz erlebt oder beobachtet haben, mit negativen Folgen für das Vertrauen in die Führung und Kollegialität, die Sicherheit am Arbeitsplatz, die Verbundenheit mit dem Arbeitsplatz und die eigene Arbeitsmotivation.

Mobbing am Arbeitsplatz ist kein isoliertes Ereignis zwischen zwei oder ein paar wenigen Beschäftigten. Mobbing ist eine extreme Ausdrucksform einer Unternehmens- oder zumindest Abteilungskultur. Im Mobbinggeschehen zeigt sich die Unternehmenskultur von ihren Rändern her und nicht vom formulierten Leitbild: Wertschätzung der beschäftigten Menschen, Sach- und Zielfokussierung, Verbindlichkeit und Kritikfähigkeit, Fehlerkultur und Lernbereitschaft, Flexibilität und Resilienz, Achtsamkeit, Karriere und Hierarchie, Führung und Leadership sind nur einige Aspekte betrieblicher Wirklichkeit, die im Mobbinggeschehen greifbar oder als Leerstelle sichtbar werden, mit oft schwerwiegenden Folgen für die Arbeitsfähigkeit und Produktivität der Beteiligten, der Abteilungen und des Unternehmens.

Das alles bedeutet, dass Mobbing nur an der Schnittstelle und in der Zusammenarbeit von Gesundheitsmanagement, Arbeitsschutz, Führungskräfteentwicklung, Personalentwicklung und Organisationsentwicklung begegnet werden kann. Diese wichtige Querschnittsaufgabe kann im „psychischen Betrieblichen Gesundheitsmanagement" (BGM-Psyche) gesehen werden, also einem betrieblichen Gesundheitsmanagement, das die psychischen Belastungen in den Blick nimmt und *daher* zentral auch die Personal-, Führungskräfte- und Organisationsentwicklung beachtet. Die Aufgabe eines BGM-Psyche bestünde darin, den vielfältigen betrieblichen Ursachen von Mobbing den Boden zu entziehen und gleichzeitig das Unternehmen, die Führungskräfte und die Beschäftigten für den Umgang mit konkreten Konflikt- und Mobbingsituationen zu sensibilisieren.

Konflikte

Mobbing ist Teil eines Konfliktgeschehens und kann daher nur verstanden werden, wenn es im Zusammenhang mit Konflikten und Konflikteskalation betrachtet wird. Im Folgenden soll daher ein Modell der Konflikteskalation dargestellt werden. Anschließend wird Mobbing in dieses Modell eingeordnet, um den Zusammenhang und die Unterschiede von Konflikten und Mobbing zu verdeutlichen.

Konflikte entstehen aus Meinungsverschiedenheiten. Unvereinbarkeiten und Differenzen im Denken, Fühlen, Wollen oder Tun sind selber aber noch keine Konflikte: So wird sehr unterschiedlich verstanden, was damit gemeint ist, wenn „etwas ordentlich" oder „schnell" zu erledigen ist, und es muss jeweils geklärt und besprochen werden, was konkret gemeint ist („Denken"). Über unterschiedliche Gefühle und Empfindungen wie „schöne Musik" oder „toller Ausblick" kann man trefflich streiten, sie können aber eigentlich nur wahrgenommen werden und je für sich stehen bleiben („Fühlen"). Die Frage, welcher Kinofilm gemeinsam angesehen oder welches Restaurant gemeinsam besucht werden soll, bedarf häufig eines Kompromisses („Wollen"). Und jemandem aus Versehen auf den Fuß zu treten, bedarf einer Entschuldigung („Tun").

Unvereinbarkeiten, Differenzen und Irritationen im Denken, Fühlen, Wollen und Tun können durch Klärung, Respekt, Kompromiss und Sich-Entschuldigen gelöst werden. Erst wenn eine betroffene Partei eine Differenz so erlebt, dass er oder sie durch die andere Partei in ihrem eigenen Denken, Fühlen, Wollen oder Tun deutlich beeinträchtigt wird, entsteht ein Konflikt.

„Das Bestehen von Differenzen ist also gar nicht das Problem, denn Differenzen machen an sich noch keinen Konflikt zwischen Menschen aus. Es kommt einzig darauf an, wie die Menschen die Differenzen erleben und wie sie mit ihnen umgehen." (Glasl 2004, S. 23).

C. Burfeind, *Mobbing am Arbeitsplatz erkennen und verstehen,* essentials, https://doi.org/10.1007/978-3-658-31286-2_2

In der Literatur finden sich unterschiedliche Begriffsdefinitionen (vgl. dazu Glasl 2013, S. 14–18). Im Zusammenhang mit Konflikten und Mobbing am Arbeitsplatz ist ein wichtiger Aspekt einer Arbeitsdefinition, dass sie Konflikt als *sozialen Konflikt* definiert und damit *intrapsychische Konflikte* („Ambivalenzen") und *ungerichtete Aggressionen* („sinnlose Gewalt") ausschließt.

Die Definition von Rüttinger und Sauer lautet: „Soziale Konflikte sind Spannungssituationen, in denen zwei oder mehr Parteien, die voneinander abhängig sind, mit Nachdruck versuchen, scheinbar oder tatsächlich unvereinbare Handlungspläne zu verwirklichen und sich dabei ihrer Gegnerschaft bewusst sind." (Rüttinger und Sauer 2016, S. 7) Glasl weist bzgl. dieser Definition jedoch zu Recht darauf hin, dass die Parteien sich nicht immer „ihrer Gegnerschaft bewusst sind" und es dennoch zu einem eskalierenden Konflikt kommen kann (vgl. Glasl 2013, S. 16). Glasls eigene etwas technisch formulierte Definition lautet: „Sozialer Konflikt ist eine Interaktion zwischen Aktoren (Individuen, Gruppen, Organisationen usw.), wobei wenigstens ein Aktor eine Differenz bzw. Unvereinbarkeiten im Wahrnehmen und im Denken bzw. Vorstellen und im Fühlen und im Wollen mit dem anderen Aktor (den anderen Aktoren) in der Art erlebt, dass beim Verwirklichen dessen, was der Aktor denkt, fühlt oder will eine Beeinträchtigung durch einen anderen Aktor (die anderen Aktoren) erfolge." (Glasl 2013, S. 17).

ARBEITSDEFINITION KONFLIKT

Eine m. E. hilfreiche, weil umfassende und zugleich handhabbare Arbeitsdefinition ist diejenige von Hugo Prein:

„Wir können von einem sozialen Konflikt *sprechen, wenn zwischen zwei oder mehr voneinander abhängigen Parteien (Personen oder Gruppen) die Interessen, Ziele, Rollen und/oder Ansichten nicht miteinander vereinbar sind (oder zu sein scheinen). Ein Konflikt wird jedoch erst dann zu einer psychologischen Realität, wenn mindestens eine der beiden Parteien sich dieser Unvereinbarkeit bewusst wird und schließlich dazu übergeht, ihre feindlichen Gefühle in die Tat umzusetzen, worauf eine Reaktion der anderen Person folgt und so ein Interaktionszyklus beginnt."* (Prein 2007, S. 1; Übersetzung aus dem Holländischen von C.B.)

Eine Meinungsverschiedenheit eskaliert dann zu einem Konflikt, wenn die Sache, um die es geht, mehr und mehr in den Hintergrund gerät und der Konflikt personalisiert wird. Die Sache verschwindet hinter der Person, die Beteiligten stehen sich mit „feindlichen Gefühlen" gegenüber. Der Konflikt findet nun auf der Beziehungsebene statt. Anstatt eine Differenz sachlich zu klären, werden pauschal die Person und ihr Handeln kritisiert. Je weiter ein Konflikt eskaliert, desto mehr findet zugleich eine Verschiebung von „Wir haben einen Konflikt" hin zu „Ein Konflikt hat uns" statt (siehe Glasl 2004, S. 29 f., S. 119). Der Konflikt hat eine Dynamik entwickelt, die nur noch durch sehr aktives und sehr bewusstes Einschreiten zu stoppen ist.

▶ *Ein Konflikt hat uns.*

Friedrich Glasl hat ein Stufenmodell entwickelt, das in neun Stufen den Weg der Konflikteskalation beschreibt (Glasl 2004, S. 92–116, 2013, S. 235–311). Das Modell ist hilfreich, um die jeweilige Eskalationsstufe eines akuten Konflikts einzuschätzen und daraus mögliche Maßnahmen abzuleiten (Abb. 2.1).

Meinungsverschiedenheiten und Konflikte am Arbeitsplatz wird es immer geben. Die Frage ist, wie mit Differenzen umgegangen wird und wie sie gelöst werden. Konflikte haben dabei trotz Reibungsverlust für die Arbeit im Team einen großen Mehrwert, denn sie weisen auf Probleme im Betrieb – häufig im Führungshandeln, in den Arbeitsabläufen und in der Arbeitsbelastung – hin. Sie

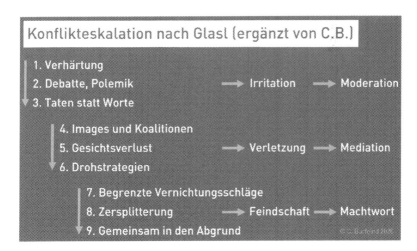

Abb. 2.1 Konflikteskalation nach Glasl (linke Spalte; vgl. Glasl 2004, S. 114 f., Glasl 2013, S. 238 f.) und Handlungsoptionen (nach C.B.; vgl. Glasl 2004, S. 131; Glasl 2013, S. 395 ff.). (© C. Burfeind 2020)

lösen Veränderungen aus und vertiefen – konstruktiv gelöst – Beziehungen in Teams (vgl. Proksch 2010, S. 9).

> ⯈ *Konflikte lösen Veränderungen aus und vertiefen – konstruktiv gelöst – Beziehungen in Teams.*

Auch Mobbing weist auf eine für alle am Mobbinggeschehen Beteiligten problematische Arbeitssituation hin, die spätestens nach einem konkreten Mobbinggeschehen bearbeitet und gelöst werden muss. Im Fall von Mobbing wird es insgesamt jedoch schwierig, noch einen positiven Nutzen zu erkennen, denn der Gesamtschaden für die Beteiligten und das Unternehmen wird immer größer sein, als der vordergründige und unausgesprochene Nutzen – Frust abgebaut, informelle Macht demonstriert oder eine lästige Mitarbeiterin oder einen unliebsamen Kollegen losgeworden zu sein.

Mobbingdefinition

3

Mobbing ist eine spezifische und sehr massive Eskalation eines Konflikts. Zugleich unterscheidet sich die Mobbingdynamik in einigen Aspekten deutlich von der Konfliktdynamik.

Ursprünglich war der ins deutsche Übernommene Begriff *Mobbing* eine Bezeichnung für das gemeinsame Verteidigungsverhalten z. B. von Gänsen gegenüber Füchsen (Lorenz 2004, S. 40 f.). Ab den 1970er Jahren wurde er von Heinz Leymann auf Verhalten am Arbeitsplatz übertragen und in dem Buch *Mobbing. Psychoterror am Arbeitsplatz und wie man sich dagegen wehren kann* erstmals systematisch untersucht (Leymann 2006).

> **INFO**
> Beim Mobbing können prinzipiell drei Aktionsrichtungen unterschieden werden, die sich an Hierarchien im Unternehmen orientieren:
>
> - Vorgesetztenmobbing *(Bossing):* vertikal von oben nach unten (engl. *downward bullying*)
> - Kollegenmobbing *(Mobbing):* horizontal (engl. *bullying*)
> - Mitarbeitermobbing *(Staffing):* vertikal von unten nach oben (engl. *upward bullying*)

Es gibt nicht *die eine* Mobbingdefinition. In der Rechtsprechung finden sich unterschiedliche, aufeinander Bezug nehmende Formulierungen. So definiert das Landesarbeitsgericht Thüringen:

© Der/die Herausgeber bzw. der/die Autor(en), exklusiv lizenziert durch Springer Fachmedien Wiesbaden GmbH, ein Teil von Springer Nature 2020
C. Burfeind, *Mobbing am Arbeitsplatz erkennen und verstehen,* essentials,
https://doi.org/10.1007/978-3-658-31286-2_3

„Mit dem Begriff des Mobbing im arbeitsrechtlichen Verständnis müssen danach fort-
gesetzte, aufeinander aufbauende oder ineinander übergreifende, der Anfeindung,
Schikane oder Diskriminierung dienende Verhaltensweisen erfasst werden, die nach
ihrer Art und ihrem Ablauf im Regelfall einer übergeordneten, von der Rechtsordnung
nicht gedeckten Zielsetzung förderlich sind und jedenfalls in ihrer Gesamtheit das
allgemeine Persönlichkeitsrecht, oder andere ebenso geschützte Rechte, wie die
Ehre oder die Gesundheit des Betroffenen verletzen. Ein vorgefasster Plan ist nicht
erforderlich. Eine Fortsetzung des Verhaltens unter schlichter Ausnutzung der sich
jeweils bietenden Gelegenheiten ist ausreichend." (Thüringer LAG v. 10.04.2001,
Az.: 5 Sa 403/00: vgl. LAG Rheinland-Pfalz v. 16.08.2001, Az.: 6 Sa 415/01)

Das Landesarbeitsgericht Schleswig-Holstein schreibt:

„Der Begriff des Mobbing beschreibt eine konfliktbelastete Kommunikation am
Arbeitsplatz unter Kollegen oder zwischen Vorgesetzten und Untergebenen, bei
der die angegriffene Person unterlegen ist und von einer oder einigen Personen
systematisch, oft und während einer längeren Zeit mit dem Ziel und/oder dem
Effekt des Ausstoßens aus dem Arbeitsverhältnis direkt oder indirekt angegriffen
wird und dies als Diskriminierung empfindet." (LAG Schleswig-Holstein v.
19.03.2002, Az.: 3 Sa 1/02)

Für den Umgang mit Mobbing am Arbeitsplatz wird in diesem Buch wird mit
folgender eher pragmatischer Definition gearbeitet. Sie fokussiert nicht so sehr
auf mögliche Ziele von Mobbing, da zumindest für den innerbetrieblichen
Regelungsbedarf *jedes* systematische Schikanieren usw. als ein Angriff auf die
Person, ihre Ehre oder Gesundheit gewertet werden muss.

ARBEITSDEFINITION MOBBING
*„Mobbing ist ein Prozess, in dem eine Person systematisch, häufig und
über einen längeren Zeitraum von einem Menschen oder einer Gruppe von
Menschen z. B. schikaniert, drangsaliert, benachteiligt oder ausgegrenzt
wird und es so zu einem Machtungleichgewicht kommt oder ein solches
verstärkt wird."*

Im Mobbingprozess kann ein „Machtungleichgewicht" bereits zu Beginn
vorhanden sein oder es stellt sich im Konfliktverlauf ein. Bei gleich starken
Parteien liegt nach gängiger Meinung ein Konflikt vor, kein Mobbing (vgl.
Litzcke et al. 2013, S. 125 ff.; Benecke, S. 360 f.). Als „häufig" kann das
Erleben von Mobbinghandlungen durchschnittlich einmal pro Woche ver-
standen werden. „Über einen längeren Zeitraum" meint seit mindestens sechs
Monaten. In manchen Fällen kann aber schon deutlich früher von Mobbing
ausgegangen werden (vgl. Abschn. 10.5 zur Trierer Mobbing Kurz-Skala).

Nach Glasl wird Mobbing ab der dritten und vierten Konflikteskalationsstufe zuerst in Form eines Schulterschlusses und dann einer Koalitionsbildung sichtbar, „wonach die Machtverhältnisse sehr ungleich werden" (Glasl 2013, S. 91).

▶▶ *Mobbing kapselt sich strukturell gegen Lösungsversuche der Zielperson ab.*

Ab dann nimmt das Mobbinggeschehen einen etwas anderen Weg, als ein Konflikt, denn Konflikte haben es bis zum Schluss mehr oder weniger mit einem Machtgleichgewicht beider Parteien zu tun, die bis zum Schluss mehr oder weniger handlungsfähig bleiben und sich gemeinsam „dem Abgrund" nähern. Beim Mobbing hingegen ist eine Partei in eine unterlegene Position gebracht und, um im Bild zu bleiben, alleinig an den Rand des Abgrunds gedrängt. Mobbing schafft zudem eine Situation, in der Betroffene nicht mehr „richtig" handeln können, denn Mobbing ist so angelegt, dass ein konstruktiver Umgang mit der Situation weitgehend unmöglich wird. Mobbing besteht aus vielen Einzelhandlungen ggf. unterschiedlicher Personen, von denen auf Nachfrage jede einzelne Handlung als nicht so gemeint oder als gar nicht geschehen abgewertet oder abgewiegelt werden kann. Mobbing kapselt sich strukturell gegen Lösungsversuche der Zielperson ab. Jedes Handeln, ob aktiv abwehrend, sachlich oder defensiv, wird ihr zum Nachteil ausgelegt. Wenn Mobbing einmal als solches erkannt wird, ist es nur noch schwer und nur mit massiver Intervention zu beenden. Mobbing beginnt als Konflikt und geht über in eine sehr eigene Form misslingender sozialer Interaktion.

Der Begriff Mobbing wird häufig aber auch sehr schnell und inflationär gebraucht. So ist bei Meinungsverschiedenheiten oder Konflikten, bei denen sich eine Person benachteiligt und unterlegen fühlt, häufig sehr schnell von Mobbing die Rede. „Ich werde gemobbt." Ein vorschneller Mobbingvorwurf erschwert aber die Konfliktlösung, denn ihn zu widerlegen ist wahrscheinlich ebenso schwierig, wie umgekehrt Mobbing nachzuweisen. Manchmal ist dann die Person, gegen die ein Mobbingvorwurf erhoben wird, einer Rufschädigung und selber einem erhöhten Mobbingrisiko ausgesetzt. Um diese Dynamik und einen inflationären Gebrauch des Wortes zu vermeiden, der den Umgang mit tatsächlichem Mobbing erschwert, ist eine betriebliche Sensibilisierung zu Konfliktgeschehen und Mobbing nötig.

TIPP WECHSELSEITIGE PROVOKATION

Glasl weist darauf hin, dass das Konfliktgeschehen der Stufen eins und zwei, das dem Mobbing vorausgeht, häufig noch keine eindeutige Täter-Opfer-Zuschreibung zulässt. Beide Parteien sind noch – auf ihre je eigene Art – wechselseitig provozierend am Konflikt beteiligt. Erst später wird aus dem Konflikt Mobbing und erst rückblickend werden für die Zielperson bereits die ersten Meinungsverschiedenheiten als Mobbing gedeutet (Glasl 2013, S. 91). Die eigene Mit-Verantwortlichkeit zu Beginn des Prozesses gerät aus dem Blick und kann häufig erst in nachholender Beratung und Therapie wieder in den Blick genommen werden. Beim Umgang mit Mobbingsituationen müssen sich betriebliche und außerbetriebliche Akteure dieser je eigene Verantwortlichkeit beider Parteien zumindest zu Beginn des Geschehens allerdings bewusst sein, ohne der Zielperson „Schuld" am Mobbing zu geben.

Mobbinghandlungen

Mobbinghandlungen – Psychoterror am Arbeitsplatz – sind so vielfältig, wie es Schikane, Drangsalierung, Benachteiligung und Ausgrenzung hergeben. Es gibt verschiedene Listen und Übersichten möglicher Mobbinghandlungen. Sie können zur Orientierung in der Mobbingberatung und beim Führen eines Mobbingtagebuchs (siehe Abschn. 8.1) hilfreich sein, um konkret erlebte Mobbinghandlungen zu benennen. Leymann nennt 45 Mobbinghandlungen, von denen in Interviews berichtet wurde (Abb. 4.3). Er kategorisiert sie nach fünf sogenannten Angriffszielen:

1. *Kommunikation* (z. B. sich mitzuteilen wird unterbunden bzw. Kommunikation findet vor allem aggressiv statt),
2. *Beziehungen* (z. B. soziale Beziehungen werden abgebrochen oder unterbunden),
3. *Ansehen* (z. B. private und berufliche Einstellungen und Verhaltensweisen werden offen oder verdeckt lächerlich gemacht),
4. *Arbeit* (z. B. sinnvolle Arbeit wird verweigert) und
5. *Gesundheit* (z. B. Androhung oder Anwendung von direkter oder indirekter Gewalt) (vgl. Leymann 2006, S. 33 f.; siehe Abb. 4.1).

Auch Zapf und Kuhl fassen fünf Mobbingstrategien zusammen: „Mobbing über 1) organisationale Maßnahmen (z. B. über Arbeitsaufgaben, Kompetenzentzug), 2) soziale Isolierung (z. B. keine Kommunikation, Ausgrenzen der Person), 3) als Angriff auf die Person und ihre Privatsphäre (z. B. die Person lächerlich machen), 4) über verbale Aggression (z. B. Drohungen, Demütigungen), Androhung oder Ausübung körperlicher Gewalt und schließlich 5) den Einsatz von Gerüchten. Gerüchte bilden dabei die am häufigsten verwendete Strategie, während Angriffe

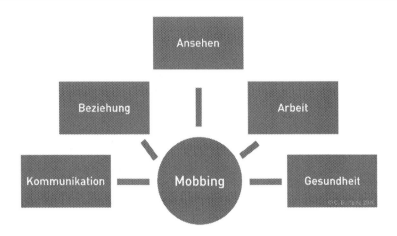

Abb. 4.1 Angriffsziele von Mobbing. (Nach Leymann 2006, S. 33 f.; © C. Burfeind 2020)

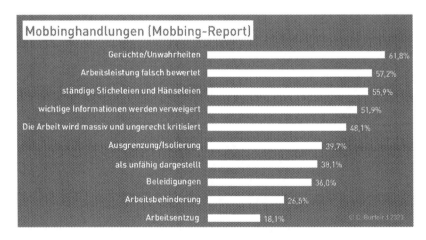

Abb. 4.2 Mobbinghandlungen. (*Meschkutat* 2002, S. 39 und *baua* 2011, S. 10; © C. Burfeind 2020)

auf die Privatperson weniger häufig und körperliche Angriffe sogar kaum vorkommen." (Zapf und Kuhl 1999, S. 92).

Auch der Mobbing-Report nennt Gerüchte und Unwahrheiten als häufigste Mobbinghandlung: Gerüchte/Unwahrheiten (61,8 %), Arbeitsleistung falsch bewertet (57,2 %), ständige Sticheleien und Hänseleien (55,9 %), wichtige Informationen werden verweigert (51,9 %), die Arbeit wird massiv und ungerecht kritisiert (48,1 %), Ausgrenzung/Isolierung (39,7 %), als unfähig dargestellt (38,1 %), Beleidigungen (36 %), Arbeitsbehinderung (26,5 %), Arbeitsentzug (18,1 %) (*Meschkutat* 2002, S. 39; Abb. 4.2).

Die 45 von Leymann identifizierten Mobbinghandlungen (Abb. 4.3) sind keine abschließende Liste. Esser und Wolmerath führen über 100 Mobbinghandlungen auf, schränken jedoch ein, dass es – wie bei Leymann – auch in dieser Liste Überschneidungen und Mehrfachnennungen gäbe (Esser und Wolmerath 2008, S. 24–28).

„Die 45 Handlungen – was die «Mobber» tun" (Leymann 1993)

1. Angriffe auf die Möglichkeiten, sich mitzuteilen

- Der Vorgesetzte schränkt die Möglichkeiten ein, sich zu äußern.
- Man wird ständig unterbrochen.
- Kollegen schränken die Möglichkeiten ein, sich zu äußern.
- Anschreien oder lautes Schimpfen.
- Ständige Kritik an der Arbeit.
- Ständige Kritik am Privatleben.
- Telefonterror.
- Mündliche Drohungen.
- Schriftliche Drohungen.
- Kontaktverweigerung durch abwertende Blicke oder Gesten.
- Kontaktverweigerung durch Andeutungen, ohne dass man etwas direkt ausspricht.

2. Angriffe auf die sozialen Beziehungen

- Man spricht nicht mehr mit dem/der Betroffenen.
- Man lässt sich nicht ansprechen.
- Versetzung in einen Raum weitab von den Kollegen.
- Den Arbeitskollegen/innen wird verboten, den/die Betroffene/n anzusprechen.
- Man wird «wie Luft» behandelt.

3. Auswirkungen auf das soziale Ansehen

- Hinter dem Rücken des Betroffenen wird schlecht über ihn gesprochen.
- Man verbreitet Gerüchte.
- Man macht jemanden lächerlich.
- Man verdächtigt jemanden, psychisch krank zu sein.
- Man will jemanden zu einer psychiatrischen Untersuchung zwingen.
- Man macht sich über eine Behinderung lustig.
- Man imitiert den Gang, die Stimme, oder Gesten, um jemanden lächerlich zu machen.
- Man greift die politische oder religiöse Einstellung an.
- Man macht sich über das Privatleben lustig.
- Man macht sich über die Nationalität lustig.
- Man zwingt jemanden, Arbeiten auszuführen, die das Selbstbewusstsein verletzen.
- Man beurteilt den Arbeitseinsatz in falscher und kränkender Weise.
- Man stellt die Entscheidungen des/der Betroffenen in Frage.
- Man ruft ihm/ihr obszöne Schimpfworte oder andere entwürdigende Ausdrücke nach.
- Sexuelle Annäherungen oder verbale sexuelle Angebote.

4. Angriffe auf die Qualität der Berufs- und Lebenssituation

- Man weist dem Betroffenen keine Arbeitsaufgaben zu.
- Man nimmt ihm jede Beschäftigung am Arbeitsplatz, so dass er sich nicht einmal selbst Aufgaben ausdenken kann.
- Man gibt ihm sinnlose Arbeitsaufgaben.
- Man gibt ihm Aufgaben weit unter seinem eigentlichen Können.
- Man gibt ihm ständig neue Aufgaben.
- Man gibt ihm «kränkende» Arbeitsaufgaben.
- Man gibt dem Betroffenen Arbeitsaufgaben, die seine Qualifikation übersteigen, um ihn zu diskreditieren.

5. Angriffe auf die Gesundheit

- Zwang zu gesundheitsschädlichen Arbeiten.
- Androhung körperlicher Gewalt.
- Anwendung leichter Gewalt, zum Beispiel um jemandem einen «Denkzettel» zu verpassen.
- Körperliche Misshandlung.
- Man verursacht Kosten für den/die Betroffene, um ihm/ihr zu schaden.
- Man richtet physischen Schaden im Heim oder am Arbeitsplatz des/der Betroffenen an.
- Sexuelle Handgreiflichkeiten.

Abb. 4.3 Mobbinghandlungen. (Nach Leymann 2006, S. 33 f.; © C. Burfeind 2020)

Mobbingursachen 5

▶ Mobbing ist ein systemisches Geschehen.

Mobbing findet, wie bereits ausgeführt, immer in einem Mobbingdreieck von Organisation, Verursacher und Zielperson statt und wird zusätzlich von der außer-betrieblichen, privaten Situation der beteiligten Personen beeinflusst. Mobbing ist ein systemisches Geschehen. Arbeitsbedingungen, Unternehmenskultur, Führungskultur und Persönlichkeitsmerkmale der Verursacher und Zielpersonen – sowie der Zuschauer – tragen dazu bei, dass Mobbing entstehen und eskalieren kann.

In den folgenden Abschnitten sollen einige Aspekte der jeweiligen Verantwortlichkeit im Mobbinggeschehen von Organisation und Führung, Mobberin und Mobber sowie den Betroffenen selber dargestellt werden.

5.1 Organisation und Führung

▶ Stress befördert Mobbing und Mobbing stresst.

Stress befördert Mobbing und Mobbing stresst. Leymann schreibt, dass „sämtliche arbeitsorganisatorische Strukturen, in denen man stärkere Streßeffekte feststellen kann, auch ein erhöhtes Risiko für Konfliktausbrüche in sich tragen – und somit auch für Mobbing. Denn Streß und Frust, aus denen man keinen Ausweg findet, entladen sich meistens auf Kollegen." (Leymann 2006, S. 134) Psychische Belastungen am Arbeitsplatz, deren Ursache in der Arbeitsorganisation und Führung liegt, sind eine der entscheidenden Entstehungsbedingungen für Gewalt und Belästigung am Arbeitsplatz und damit auch für Mobbing (vgl. Abb. 5.2).

Im Mobbing-Report wurden die Befragten nach der betrieblichen Situation zum Zeitpunkt des Mobbings gefragt (Abb. 5.1). Fast zwei Drittel gaben an, dass das Arbeitsklima zu diesem Zeitpunkt schlecht gewesen sei. Die Befragten haben durchschnittlich fünf bis sechs der 21 bei der Befragung vorgeschlagenen Items angekreuzt, was auf eine hohe Belastungsdichte zum Zeitpunkt des Mobbings hinweist.

Mit diesen Nennungen zur betrieblichen Situation wird die Unternehmenskultur insgesamt als Zusammenspiel von Arbeitsorganisation und Führungsverhalten zum wichtigsten Nährboden für Mobbing.

Dem entsprechen die Ergebnisse der Untersuchung der *European Foundation for the Improvement of Living and Working* (*Eurofound* 2015) zum Zusammenhang von Arbeitsbedingungen und negativem Sozialverhalten am Arbeitsplatz, die ebenfalls einen Zusammenhang von Stress mit Gewalt und Belästigung am Arbeitsplatz belegen (*Eurofound* 2015, S. 26): Beschäftigte, die angegeben haben, dauerhaft im Stress zu sein, hatten zugleich ein fast 7-fach erhöhtes Risiko von Gewalt und Belästigung am Arbeitsplatz betroffen zu sein. Wer nie genügend Zeit hat seine/ihre Arbeit zu erledigen, hatte ein knapp 4-fach, und wer innerhalb von 6 Monaten seinen Job verlieren könnte, ein 2- bis 3-fach erhöhtes Risiko (siehe Abb. 5.2).

Betriebliche Situation	Häufigkeit
■ Das Arbeitsklima war schlecht	65,3%
■ Eine Gesprächsbereitschaft des Vorgesetzten war nicht vorhanden	60,9%
■ Termindruck, Stress und Hektik prägten den Arbeitsalltag	55,1%
■ Es gab Unklarheiten in der Arbeitsorganisation/unklare Zuständigkeiten	55,0%
■ Es wurden wichtige Entscheidungen nicht transparent gemacht	50,3%
■ Im Betrieb gab es starre Hierarchien	46,4%
■ Mein Vorgesetzter war eher konfliktscheu	42,2%
■ Viele Mitarbeiter/innen hatten Angst um ihren Arbeitsplatz	36,9%
■ Es wurden Abteilungen/Betriebsteile umstrukturiert	32,5%
■ Mein/e Vorgesetzter wechselte	27,5%
■ Die wirtschaftliche Situation in dem Betrieb war schlecht	21,8%

Abb. 5.1 Betriebliche Situation zum Zeitpunkt des Mobbings. (Quelle: *Meschkutat* 2002, S. 124)

Abb. 5.2 Erhöhung der Wahrscheinlichkeit von erlebter Gewalt und Belästigung am Arbeitsplatz bei bestimmten Arbeitsbedingungen. (Nach *Eurofound* 2015, S. 26; eigene Übersetzung, © C. Burfeind 2020)

Die Befragten aus Deutschland benannten insbesondere folgende arbeitsbedingte und organisationale Risikofaktoren für negatives Sozialverhalten: Angst und mentale Beanspruchung, große Arbeitsmenge, Schichtwechsel, geringe Beteiligung, Führungsverhalten, schlechte soziale Beziehungen, fehlende soziale Unterstützung, Rollenkonflikte und schlechte Organisationsstruktur (*Eurofound* 2015, S. 28).

INFO FOLGEN SCHWIERIGER ARBEITSBEDINGUNGEN
Das Treiber-Indikatoren-Modell zu Stress und Stressfolgen beschreibt früh und spät sichtbare Hinweise auf eine zu hohe Stressbelastung im Unternehmen. Die sogenannten *Spätindikatoren* können in der Regel über Kennzahlen erfasst werden. Die *Frühindikatoren,* zu denen Konflikte und Mobbing gehören, werden als belastende Arbeitssituation spürbar und z. B. im Rahmen einer psychischen Gefährdungsbeurteilung sichtbar (Abb. 5.3).

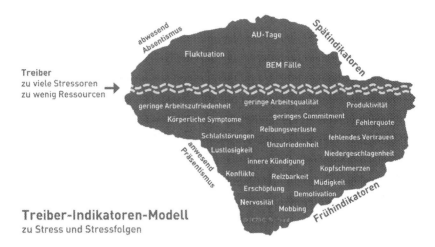

Treiber
zu viele Stressoren
zu wenig Ressourcen →

Treiber-Indikatoren-Modell
zu Stress und Stressfolgen

Abb. 5.3 Treiber-Indikatoren-Modell zur Beschreibung früh und spät sichtbarer Folgen von zu hoher Stressbelastung bei zu gering ausgeprägten Ressourcen. (vgl. Uhle und Treier 2019, S. 303–310; Badura und Walter 2014, S. 151; Badura et al. 2013, S. 50; © C. Burfeind 2020)

Unternehmen, die der Personalpflege nur einen geringen Stellenwert einräumen, bereiten einen Nährboden für die Entstehung von Mobbing (vgl. *baua* 2002, S. 123). In der DIN EN ISO 10075-1 *Ergonomische Grundlagen bezüglich psychischer Arbeitsbelastungen* wird zwischen *Belastung* und *Beanspruchung* unterschieden (siehe Demerouti et al. 2012). Erst eine *Beanspruchung* aufgrund von von außen einwirkender Faktoren und aktuell nicht zur Verfügung stehender Mittel und Kompetenzen diese zu bewältigen, führt zur *Fehlbeanspruchung*, umgangssprachlich: Stress. Für das Mobbinggeschehen am Arbeitsplatz bedeutet das: Problematisch sind nicht Veränderungen und Umstrukturierungen auf der Führungsebene, in den Abteilungen und Teams, in den Arbeitsabläufen oder z. B. eine insgesamt hohe Arbeitslast, die aufgrund eines hohen Anpassungsdrucks durch das Marktumfeld erforderlich erscheinen, sondern der innerbetriebliche Umgang damit. In Unternehmensbefragungen wird dieser Zusammenhang regelmäßig deutlich, wenn z. B. Umstrukturierungen kaum Auswirkung auf das allgemeine Wohlbefinden von Beschäftigten haben – anders als z. B. gering erlebte Wertschätzung, Beteiligung oder Informationsweitergabe.

▷ Problematisch sind nicht Veränderungen und Umstrukturierungen auf der Führungsebene, in den Abteilungen und Teams, in den Arbeitsabläufen oder eine insgesamt hohe Arbeitslast, die aufgrund

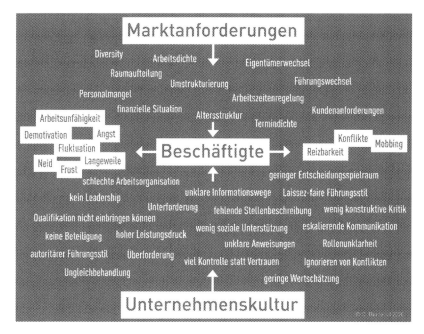

Abb. 5.4 Beschäftigte im Unternehmen zwischen Marktanforderungen und Unternehmenskultur. (© C. Burfeind 2020)

eines hohen Anpassungsdrucks durch das Marktumfeld erforderlich erscheinen, sondern der innerbetriebliche Umgang damit.

Unternehmen können nicht frei über alle ihre internen Prozesse und Arbeitsbedingungen entscheiden, weil sie sich in einem Marktumfeld bewegen, das sie selber nicht oder nur sehr eingeschränkt steuern können. Wenn die betrieblichen Folgen eines zu hohen Anpassungsdrucks des Marktes aber auf eine Unternehmens- und Führungskultur treffen, die von hohen Stressoren und geringen Ressourcen geprägt ist, dann sind Fluktuation, ein hoher Krankenstand, Frust und Demotivation auf der einen und Reizbarkeit, Konflikte und Mobbing auf der anderen Seite die Folge (Abb. 5.4).

TIPP PSYCHISCHE GEFÄHRDUNGSBEURTEILUNG
Alle in der Abb. 5.4 genannten organisationalen Risikofaktoren für Mobbing am Arbeitsplatz sind zugleich Faktoren psychischer Fehlbeanspruchung, die mental erschöpfen, Leistungsverlust verursachen und

eine psychische Erkrankung (mit)auslösen können. Eine vom Arbeitsschutzgesetz geforderte psychische Gefährdungsbeurteilung (§§ 4 und
5 ArbSchG; siehe Abschn. 10.5) erfasst, gewichtet und bewertet diese
Risikofaktoren im Unternehmen und in den Abteilungen. Mit ihrer Hilfe
können die wichtigsten psychischen Fehlbeanspruchung am Arbeitsplatz erkannt werden. Die anschließende Reduktion dieser Belastungen
und die Unterstützung beim Umgang mit nicht weiter reduzierbaren
Belastungsfaktoren durch ein gutes psychisches betriebliches Gesundheitsmanagement ist die effektivste Mobbingprävention.

5.2   Verursacher

Neben dem Organisationsklima sind auch Persönlichkeitsmerkmale der Verursacher
und bewusste, vorbewusste oder unbewusste Reaktionen der Verursacher auf eine
diffus als bedrohlich oder überfordernd erlebte Arbeitssituation ein Risikofaktor
für die Entstehung von Mobbing. Sie sollen im Folgenden dargestellt werden.
„Vorbewusst" meint im psychologischen Diskurs ein Verhalten, das zwar aktuell
nicht bewusst gesteuert wird aber prinzipiell dem Bewusstsein zugänglich ist und
reflektiert werden könnte. „Unbewusstes" Verhalten ist dem eigenen reflektierenden
Zugriff hingegen entzogen (vgl. Neyer und Asendorpf 2009, S. 9 f.).

In 38,2 % der Fälle sind Vorgesetzte alleinige Verursacher von Mobbing
(Bossing). Alleine oder gemeinsam mit Kollegen/-innen sind sie in über 50 % der
Fälle am Mobbing beteiligt. Etwas häufiger (55,2 %) sind Kollegen/-innen alleinige
Verursacher oder am Mobbing beteiligt (Kollegenmobbing). In 2,3 % sind Unter-
gebene Verursacher von Mobbing *(Staffing)* (Abb. 1.2; vgl. *Meschkutat* 2002, S. 65).

Personen, deren Selbstwert ihre realen Fähigkeiten deutlich übersteigt
und die zugleich ein stark schwankendes Selbstwertgefühl haben, reagieren
häufig mit aggressivem Verhalten auf Infragestellung und eine subjektiv erlebte
Bedrohung ihres Selbstbildes. Sie demonstrieren die eigene Überlegenheit, um
das eigene Selbstbild wieder herzustellen. Solche narzisstischen Persönlich-
keiten mit geringer sogenannter Selbstkonzeptklarheit scheinen häufiger an
Mobbing beteiligt zu sein (Litzcke et al. 2013, S. 113), als Menschen mit einem
stabilen Selbstwert, gut ausgeprägtem Selbstvertrauen und einer angemessenen
Selbst- und Fremdeinschätzung (vgl. TIPP BEWÄLTIGUNGSFAKTOREN
Abschn. 5.3). Zugleich weisen narzisstische Personen eine geringere
Empathiefähigkeit auf (vgl. Esser und Wolmerath 2008, S. 74 ff.) und sind daher
für das Leid, das sie verursachen, wenig empfänglich.

TIPP PERSÖNLICHKEITSSTÖRUNGEN

Persönlichkeits*störungen* wie z. B. die narzisstische-, die paranoide-, die dissoziale- und antisoziale- oder die borderline-Störung, die mit aggressivem oder zumindest wenig emphatischem Verhalten verbunden sind, sind nur schwer veränderbar – in jedem Fall nicht im Rahmen üblicher betrieblicher Fortbildungsangebote. Sie können jedoch ursächlich für ein Sozialverhalten am Arbeitsplatz sein, das einer förderlichen Arbeitsatmosphäre und einem kollegialen und wertschätzenden Umgang abträglich ist (vgl. zum Themenkomplex König 1998, 2011).

Ist mit dem Mobbinggeschehen am Arbeitsplatz eine Persönlichkeitsstörung verbunden – diagnostiziert oder bisher nicht diagnostizierte –, sollten besondere betrieblich Maßnahmen ergriffen werden, um das Agieren und Handeln dieser Person besonders zu begleiten. Da Diagnosen aus Datenschutzgründen dem Arbeitgeber nicht bekannt sind, sollte die betriebliche Personalarbeit bei wiederholten und nicht korrigierbar erscheinenden Verhaltensauffälligkeiten Beschäftigter oder Vorgesetzter, die das Arbeitsklima deutlich beeinträchtigen, professionellen psychologischen, sozialpsychologischen Rat einholen oder eine Einzelberatung (Coaching oder psychologische Beratung) verpflichtend machen.

Vorgesetztenmobbing *(Bossing)*

Warum mobben Vorgesetzte? Der Boden, auf dem häufig Motive für Mobbing wachsen, sind eine Unsicherheit bezüglich der eigenen Führungsrolle, selbstunsichere soziale, kommunikative und auch empathische Kompetenzen und damit einhergehend ein starkes Bedürfnis, das eigene Selbst- und das vermeintliche Fremdbild zu stabilisieren. Häufig ist es auch eine Antipathie gegenüber einem oder einer Mitarbeiter/in, die Mobbinghandlungen auslöst. Die Antipathie ist dann gegründet auf Ärger, den diese Person verursacht, oder auf dem unerwünschten Arbeitsaufwand, der mit dieser Person in Verbindung gebracht wird. Auch Angst vor Macht- und Autoritätsverlust im Unternehmen, man sei den Aufgaben nicht gewachsen, und vor Intrigen und Verdrängung aus der eigenen Position können zu inadäquaten Formen der Disziplinierung von Mitarbeiterinnen und Mitarbeitern führen (Litzcke et al. 2013, S. 111). Im Extremfall geht es ganz konkret darum, kurz- oder mittelfristig einen Mitarbeiter oder eine Mitarbeiterin loszuwerden und dazu den Druck so zu erhöhen, dass entweder die Arbeitsleistung nachlässt, was eine Kündigung rechtfertigt, oder dass diese betroffene Person selber kündigt.

Problematisch bezüglich des Vorgesetztenmobbings ist ein autoritärer und von geringer Empathiefähigkeit geprägter Führungsstil insbesondere dann, wenn er auf eine Unternehmenskultur trifft, die Führungsstärke mit Durchsetzungs-fähigkeit, Macht, Kontrolle, Befehl, Belohnung, Zurechtweisung, Arbeitsdruck und ähnlichen Aspekten autoritärer „Erziehungsstile" verbindet und diese durch Beförderung positiv verstärkt. In Organisationen oder Abteilungen ist dieser Führungsstil häufig mit Demotivation der Beschäftigten, hohem Krankenstand oder hoher Fluktuation assoziiert.

Kollegenmobbing

Auch Kolleginnen und Kollegen mobben häufig aufgrund eines subjektiv bedrohten Selbstwerts. Die Motive und Beweggründe für Mobbing sind vielfältig. Gemeinsam könnte ihnen sein, dass der Verursacher oder die Verursacherin ihre Grundbedürfnisse nach Selbstverwirklichung, Anerkennung, Zugehörigkeit und Sicherheit gefährdet sehen (Abb. 5.5). Häufig beginnt Mobbing aber auch einfach nur unbedacht als Kompensation für eine übermäßig fordernde Arbeitssituation oder im Zusammenhang mit einem drohenden Burnout, also als Reaktion auf eine eigene *dauerhaft* nicht zu bewältigende Arbeitssituation, die sich in erhöhter Reizbarkeit („Dünnhäutigkeit") und stark konflikthaftem Verhalten am Arbeits-platz äußert. Dann wäre das aggressive Verhalten der nicht bewusst gesteuerte Versuch, von einer Verunsicherung in Bezug auf die eigene Leistungsfähigkeit und einer tiefen Erschöpfung abzulenken.

Mobber mobben aus Angst vor Statusverlust und Arbeitsplatzverlust, aus Frust, weil sie unzufrieden mit der eigenen Position sind, aus Überforderung, um Stress abzubauen, aus Antipathie, weil der Kollege oder die Kollegin sich nicht in die Meinung der Gruppe einpassen will, oder aus Ehrgeiz, weil sie um die Gunst der Vorgesetzten buhlen. Diese indirekte Personalarbeit wird häufig dann

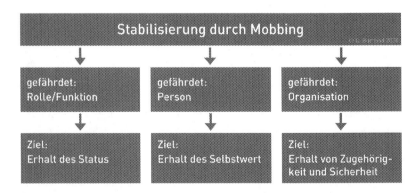

Abb. 5.5 Stabilisierung durch Mobbing. (© C. Burfeind 2020)

gestartet, wenn die Führungskraft subtile Signale sendet, dass eine Mitarbeiterin oder ein Mitarbeiter stört, nervt oder das Abteilungsergebnis belastet.

Mitarbeitermobbing *(Staffing)*
Mobbing „von unten" ist für die betroffenen Vorgesetzten häufig irritierend, weil damit aufgrund der übergeordneten Position nicht gerechnet wird. Gemobbt zu werden wird dann als Schwäche ausgelegt. Mobbing „von unten" verunsichert eine Führungskraft in ihrer Führungsrolle und ihrem Selbstbild, denn, so das Selbstbild, Führen heißt doch führen und nicht vorgeführt werden, heißt doch handeln und entscheiden und sich nicht als handlungsunfähig zu erleben. Ursachen für Mobbing von unten können sein, dass ein Team oder einige Teammitglieder sich gegen einen unerwünschten neuen Vorgesetzten oder eine Vorgesetzte zur Wehr setzen. Sie wollen ihn oder sie wieder loswerden, ihm oder ihr die Arbeit zumindest möglichst schwer machen, oder – nicht aktiv gesteuert, sondern „vorbewusst" – einfach nur ihren Frust über die von oben veranlasste Stellenbesetzung abreagieren. Im Hintergrund kann aktiv oder indirekt auch eine informelle Führung stehen, eine Person, die höhere Wertschätzung im Team aufweist, mehr Fachkenntnisse und Erfahrung mitbringt oder selber gerne die Vorgesetztenfunktion übernommen hätte. Die indirekte Personalarbeit im Sinne dieser informellen Führung gegen die neue Führungskraft wird dann vom Team übernommen.

Die vier hauptsächlichen Motivkategorien für Mobbing unter Kolleginnen und Kollegen sind vermutlich a) die Statussicherung mit dem Ziel der Anerkennung und Bewunderung, b) eine Selbstwertstabilisierung bei einem subjektiven Gefühl des Bedroht-Seins, c) die inoffizielle Personalarbeit für das Unternehmen, für die Vorgesetzten, die wertgeschätzten Kollegen und d) einfach unbedachte Handlungen in nicht ausreichend differenziert wahrgenommenen Konfliktsituationen (vgl. Litzcke et al. 2013, S. 113 f.; vgl. auch Braungardt et al. 2013, S. 5; Abb. 5.5).

▷   Mobbingberatung ist in der Beziehungsarbeit parteiisch aber in der
      Sache äquidistant.

TIPP MOBBINGBERATUNG
Um in der Beratung gemeinsam und vor allem unvoreingenommen mit der den Mobbingvorwurf erhebenden Person an einer Lösung der Situation arbeiten zu können, ist es von großer Bedeutung die möglichen Motive aller am Geschehen beteiligten Personen, Mobber, Zielpersonen und Zuschauerinnen und Zuschauer, zu analysieren und sich ein eigenes

Bild von der Situation, den handelnden Akteuren und ihren möglichen Beweggründen zu machen. Mobbingberatung ist in der Beziehungsarbeit parteiisch aber in der Sache äquidistant.

5.3 Zielperson

Auch Persönlichkeitsmerkmale des oder der Betroffenen haben einen Anteil am Mobbinggeschehen. Wie sich Betroffene im Mobbinggeschehen verhalten und auf andere Menschen wirken, beeinflusst den Mobbingverlauf insgesamt. Auch sie tragen Verantwortung für das Geschehen, wenn auch keine Schuld am Mobbing.

Neben äußerlichen Merkmalen scheint es auch Verhaltensweisen und soziale Interaktionsmuster zu geben, die es wahrscheinlicher machen, gemobbt zu werden. Bei allen gleich genannten Hinweisen auf eine Mitverantwortung der Betroffenen muss jedoch bedacht werden, dass Betroffene nicht am Mobbing *Schuld* sind und dass Mobbing eine Person und Persönlichkeit auch verändert – was wiederum Mobbing befördert. Diesem Teufelskreis sind Betroffene regelmäßig ausgesetzt. Mobbing entwickelt regelmäßig eine Dynamik, die strukturell so angelegt ist, dass viele Einzelhandlungen abgewiegelt und die Betroffenen als übersensibel, übergriffig oder paranoid dargestellt werden können – um sich im Verlauf des Mobbingprozesses bald genauso zu verhalten. Eine aktive, selbstwirksame Gegenwehr gegen Mobbing ist deshalb so schwierig, weil viele Einzelhandlungen für sich genommen eher wenig bedeutsam sind und zugleich die Menge, Regelmäßigkeit und subjektive Wirkung der Mobbinghandlungen gegenüber Außenstehenden kaum plausibel zu machen ist. Es ist als Außen- oder Fernstehender leichter, den abwiegelnden Verursachern zu glauben als den Betroffenen, und auf ihre Erzählungen daher mit einem „Ja, aber ..." zu reagieren.

▷ Mobbing verursacht Depressionen und Depressivität fördert Mobbing.

Mit dem Mobbing ändert sich auch die Sicht des betrieblichen Umfelds auf die betroffene Person. Die gemobbte Person wird rückblickend oft anders eingeschätzt, als noch vor der Mobbingsituation (Leymann 2006, S. 75 ff.).

Leymann führt Bewältigungsfaktoren auf, die es Menschen erleichtern, *nicht* von Mobbing betroffen zu sein, wie u. a. Selbstvertrauen, Ansehen und soziale Unterstützung, um dann hinzuzufügen: „Genau das aber ist es, was beim Mobbingverlauf angegriffen wird!" (Leymann 2006, S. 70; vgl. auch den folgenden TIPP BEWÄLTIGUNGSFAKTOREN). Im Verlauf führt Mobbing nämlich meist zu einer deutlich nachlassenden Selbstwirksamkeitserwartung, hoher Resignationstendenz und starken Selbstzweifeln. Zugespitzt formuliert: Mobbing verursacht Depressionen und Depressivität fördert Mobbing (Abb. 5.6; vgl. Köllner 2017, S. 124 aber auch unten Abschn. 7.1). Mobbing ist ein systemisches Geschehen, in dem bezüglich der Persönlichkeit des oder der Betroffenen Ursache und Wirkung nur noch schwer eindeutig zu identifizieren sind (vgl. Schwickerath 2012, S. 21; Litzcke et al. 2013, S. 115).

Kann jeder und jede von Mobbing betroffen sein? Diese Frage ist nicht abschließend zu beantworten. Einzelne Mobbinghandlungen können jeden und jede treffen. Ob diese Handlungen jedoch einen Mobbingprozess einleiten, liegt auch in der Person des oder der Betroffenen, ihrer jeweiligen Lebenssituation und ihrer aktuellen mentalen Verfassung. Die Wahrscheinlichkeit, von Mobbing betroffen zu sein, ist für Menschen mit bestimmten Persönlichkeitsmustern und in überfordernden Arbeits- und Lebenssituationen sicherlich deutlich größer, als für andere. Anders wird es beim Vorgesetztenmobbing sein. Hier ist das Risiko, betroffen zu werden, insgesamt wohl größer, als beim Kollegenmobbing, denn Direktionsrecht und Hierarchie spielen Vorgesetzten in die Hand, jemanden direkt oder indirekt auszugrenzen.

Abb. 5.6 Teufelskreis: Mobbing und Depressivität. (© C. Burfeind 2020)

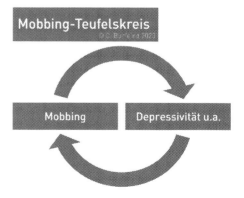

TIPP BEWÄLTIGUNGSFAKTOREN

Bewältigungsfaktoren, die es erleichtern, nicht von Mobbing betroffen zu sein, sind nach Leymann (2006, S. 70): a) eine gute physische und psychische Konstitution, b) Selbstvertrauen, c) Ansehen bei anderen, d) soziale Unterstützung in der Umwelt, e) stabile wirtschaftliche Verhältnisse, f) Handlungsspielraum, g) die Fähigkeit, Probleme zu lösen und h) die Fähigkeit, sich in der Gesellschaft zu orientieren. Einige dieser Fertigkeiten würden heute unter den Begriff *Resilienz* gefasst. So sind wohl alle Resilienzfaktoren oder -kompetenzen protektive Faktoren gegen Mobbing. Rönnau-Böse und Fröhlich-Gildhoff (2014, S. 20 f.) nennen a) eine angemessene Selbsteinschätzung und Fremdwahrnehmung, b) eine gute Selbststeuerung und Regulation von Gefühlen und Erregung, c) die Selbstwirksamkeitsüberzeugung, Anforderungen bewältigen zu können, d) die soziale Kompetenz, sich Unterstützung zu holen, e) eine gewisse Anpassungsfähigkeit und Flexibilität, zur Realisierung unterschiedlicher Kompetenzen in unterschiedlichen Situation und f) eine allgemeine Problemlösungsfähigkeit zur Analyse und zum Bearbeiten von Problemen.

Resilienzkompetenzen, frühkindlich erworbene oder später erlernte, helfen, das eigene Leben und die Arbeit zu gestalten, denn Resilienz ist eine innere Haltung und Fertigkeit, das Leben aktiv zu gestalten, statt passiv zu erleiden. Sie sind protektive Faktoren gegen Mobbing und insgesamt stärkende Faktoren für eine gute Arbeitsfähigkeit. Aus diesem Grund sind Trainings und Schulungen zur Resilienz sowie Coaching und Einzelberatung zur Unterstützung der Selbstkenntnis ein wichtiger Baustein der Personalentwicklung und im Betrieblichen Gesundheitsmanagement.

Menschen, die von Mobbing betroffen sind, fällt es in der Regel schwer, neben den äußeren auslösenden Faktoren – häufig fokussiert auf die Person des Verursachers – auch eigene Anteile an der Mobbingdynamik zu erkennen. Bereits ein Hinweis im Gespräch auf mögliche auslösende oder verstärkende Persönlichkeitsmerkmale wird als Schuldzuweisung wahrgenommen und eine Diskussion darüber abgewehrt.

Das hat insofern seine Berechtigung, als die Dynamik von Mobbingsituationen strukturell so angelegt ist, dass die Betroffenen es zunehmend schwerer haben, ihre Situation plausibel zu machen, und so nach und nach die Bereitschaft selbst wohlmeinender Kollegen, Freunde oder Familienangehöriger nachlässt, die sich im Kreis drehenden, immer wiederkehrenden Erzählungen anzuhören. Mobbingopfer erleben sich – rückblickend – von Anfang an als Opfer, sodass die Sensibilität für einen potenziellen eigenen Anteil an der Situation hoch ist. Die eigene Verantwortung im Geschehen sollte daher auch erst nach entsprechender betrieblicher Intervention in einer Selbsthilfegruppe oder in der Psychotherapie thematisiert und bearbeitet werden.

TIPP GEGENÜBERTRAGUNG
Betriebliche Akteure sollten in der Beratung Betroffener achtsam erspüren, wie sie selber emotional auf die Zielperson und ihre Erzählungen reagieren. Vermutlich werden sie auch Reaktionen und Emotionen erleben, die in der Psychoanalyse und -therapie als *Gegenübertragung* bekannt sind: Beratende werden dieselben Gefühle wie die Person oder das Umfeld der Person erleben. Es wird möglicherweise der Gedanke aufkommen, der oder die Betroffene sei anstrengend, oder das Gefühl, mit der Situation nichts mehr zu tun haben zu wollen und keine Lust mehr auf die Gespräche zu haben. Sie werden vermutlich auch dieselbe Hilflosigkeit und dasselbe vage Bedrohtsein spüren, das die betroffene Person dauerhaft erlebt. Diese eigenen Gefühle sollten nicht beiseite geschoben, sondern sehr bewusst wahrgenommen werden, denn sie geben Aufschluss über das Erleben der betroffenen Person und ihres Umfelds. Nur wenn diese eigenen Gefühle als *Gegenübertragung* verstanden werden, können sich Beratende mit dieser „am eigenen Leib" erlebten Information ganz der Unterstützung der betroffenen Person in der als lebensbedrohlich erlebten Situation widmen.

Im Folgenden geht es darum, welche sozialen Verhaltensmuster und Persönlichkeitsmerkmale das Risiko erhöhen, von Mobbing betroffen zu sein. Damit ist, wie bereits ausgeführt, keine Schuldzuschreibung gemeint. Mobbing ist und bleibt eine inadäquate, als Gesamtgeschehen und in einigen Einzelhandlungen strafbare Handlung. Diese Seite der Mobbingsituation zu kennen, ist aber wichtig für eine genaue Analyse der Situation, und sie kann langfristig auch den Betroffenen helfen, das Erlebte zu verstehen und zu bewältigen.

Soziale Interaktionsmuster und Person
Verhaltensmuster und Haltungen, die die Wahrscheinlichkeit von Mobbing erhöhen, können eine gering ausgeprägte soziale Kompetenz, ein eher geringes Selbstwertgefühl, Neurotizismus oder emotionale Labilität, eine hohe Ablehnungssensibilität, erhöhtes Misstrauen und Argwohn gegenüber anderen, soziale Anpassungsprobleme oder ein erhöhtes Ungerechtigkeitserleben sein (vgl. Schwickerath und Holz 2012, S. 20 f.; siehe INFO VERHALTEN UND PERSÖNLICHKEIT).

INFO VERHALTEN UND PERSÖNLICHKEIT

Soziale Kompetenz zeichnet sich durch zwei miteinander wenig korrelierte Komponenten aus, „Durchsetzungsfähigkeit, d. h. die Fähigkeit, die eigenen Interessen gegenüber anderen zu wahren, und Beziehungsfähigkeit, d. h. die Fähigkeit, positive Beziehungen mit anderen einzugehen und aufrechtzuerhalten." (Neyer und Asendorpf 2018, S. 165) Extrem stark oder gering ausgeprägte Durchsetzungsfähigkeit gilt dabei als Zeichen sozialer Inkompetenz, denn „rücksichtsloses Durchsetzen eigener Ziele geht langfristig auf Kosten positiver Beziehungen zu anderen und ist deshalb sozial inkompetent. Umgekehrt ist auch die Tendenz, es anderen immer recht machen zu wollen, kein Zeichen sozialer Kompetenz, weil sie langfristig zur Selbstaufgabe führt." (Neyer und Asendorpf 2018, S. 165).

Selbstwertgefühl „beschreibt die subjektive Bewertung der eigenen Persönlichkeit, die Zufriedenheit mit sich selbst. Das Selbstwertgefühl kann deshalb als eine spezielle Einstellung angesehen werden: als Einstellung gegenüber sich selbst." Es ist „eine zentrale Komponente der allgemeinen Lebenszufriedenheit (und ein wichtiger Indikator für psychische Gesundheit)." (Neyer und Asendorpf 2018, S. 215)

Emotional labile Menschen (Neurotizismus) sind eher ängstlich, empfindlich, schnell beleidigt, leicht aus der Ruhe zu bringen, depressiv, leicht entmutigt, leicht verlegen, schüchtern, sensibel, stressanfällig, verletzlich und haben eine geringe Frustrationstoleranz. „Neurotizismus sagt im Arbeitsleben schnelle subjektive Überforderung, Probleme im Umgang mit Kunden und Mitarbeitern und häufigen Arbeitsplatzwechsel vorher." (Neyer und Asendorpf 2018, S. 145).

Auch laut Köller gibt es Hinweise, dass Mobbing-Opfer eher ängstlich, konfliktvermeidend oder depressiv, häufiger übergewichtig, chronisch krank oder alleinlebend sind, mehr Alkohol trinken und länger arbeiten als nicht von Mobbing Betroffene (Köller 2017, S. 123 f.; vgl. auch Braungardt et al. 2013, S. 6). Eine spezifische „Opfer-Typologie" ist bis heute jedoch nicht gesichert. (Köller 2017, S. 123).

Menschen mit diesen Persönlichkeitsmustern fällt es eher schwer, sich gegen andere durchzusetzen, sie sind eher reizbarer und impulsiv, sind häufiger Außenseiter, sind sensibler und auch argwöhnischer und nehmen sich Schwierigkeiten eher zu Herzen. Sie haben ein Risiko, andere Menschen mit ihrem Verhalten zu irritieren und es fällt ihnen insgesamt schwerer, angemessen auf unangemessene Kritik und Mobbingattacken zu reagieren.

Arbeitserleben und Arbeitsverhalten

Neben den Persönlichkeitsmerkmalen trägt auch das konkrete Arbeitsverhalten und Arbeitserleben zur Mobbingsituation bei. Geringere offensive, d. h. eigenständige und aktive Problembewältigungsfähigkeiten im Zusammenhang mit den eigenen Arbeitsaufgaben und eine erhöhte Resignationstendenz bei Misserfolgen zeichnen häufig das Arbeitsverhalten von Betroffenen aus (vgl. Schwickerath und Holz 2012, S. 21). Von Kollegen und Kolleginnen oder Vorgesetzten wird dieses Arbeitsverhalten als problematisch und wenig leistungsstark wahrgenommen.

Bei vielen Betroffenen hat die Arbeit zudem subjektiv einen hohen Stellenwert im Leben. Das bedeutet, dass bei geringer Distanzierungs- und Erholungsfähigkeit von der Arbeit zugleich die Verausgabungsbereitschaft erhöht ist (vgl. Schwickerath und Holz 2012, S. 21). Dazu passt der Befund, dass neben Stress am Arbeitsplatz insbesondere auch die persönliche Work-Life-Balance von Bedeutung für das Mobbinggeschehen ist: Wer keine gute Work-Life-Balance hat, also keinen Ausgleich zwischen Verausgabung am Arbeitsplatz und Distanzierung von der Arbeit findet, der oder die hat ein ca. 3,5-fach erhöhtes Risiko, negativem Sozialverhalten bei der Arbeit ausgesetzt zu sein (*Eurofound* 2015, S. 26).

Soziale Anpassungsprobleme können dazu führen, dass Betroffene eher in die Kompetenz anderer eingreifen und arbeitsbezogene Überlegenheit zum Ausdruck bringen – selbst dann, wenn kein Kompetenzvorsprung vorhanden ist. Das führt zu Ablehnung und Abwehr durch die betroffenen Kolleginnen und Kollegen auch dann, wenn die ungebetene kollegiale Unterstützung hilfreich war. Von Mobbing Betroffene scheinen schließlich häufiger unangepasst, rigide und starr in ihrer Haltung zu sein (Litzcke et al. 2013, S. 114 f.), sodass ihr als schwierig erlebtes Verhalten nur schwer veränderbar erscheint.

Vor diesem Hintergrund wird noch einmal deutlich, dass es für diejenigen, an die sich von Mobbing Betroffene hilfesuchend wenden, häufig schwierig ist, die Betroffenen nicht von vornherein als „schwierigen Charakter" abzustempeln, sondern ihre Situation ernst zu nehmen und sie angemessen bei der Bewältigung zu unterstützen.

Äußere Merkmale

Erkennbare, vom vermeintlich „Normalen" abweichende Äußerlichkeiten können Menschen im Umfeld dieser Person irritieren und verunsichern. Sie stellen das eigene Selbstbild und die eigene Gruppenzugehörigkeit infrage. Diese „Merkmale" stehen häufig stellvertretend für die gesamte Person. Sie werden zum *pars pro toto* für das vermeintliche Wesen der mit einem Stigma belegten, stigmatisierten Person (siehe Abb. 5.7). Er oder sie „ist anders". Im Mobbingprozess werden äußere Merkmale dann zum Symbol und zur Rechtfertigung für abwertendes, ausgrenzendes und negatives Sozialverhalten gegenüber der gemobbten Person.

INFO STIGMATISIERUNG
Ein Mobbingprozess entspricht in vielen Details einem Stigmatisierungs-
prozess. Link und Phelan (1999, 2001; vgl. Grausgruber 2005, S. 30,
37 f.) unterscheiden vier Phasen eines Stigmatisierungsprozesses denen in
der Abb. 5.7 Phasen des Mobbingprozesses gegenübergestellt werden.

Mobbingprozess als Stigmatisierung

Phasen	Stigmatisierung	Mobbingprozess
I. Stigma	Die Wahrnehmung und Benennung eines Unterschieds.	Meinungsverschiedenheiten, er oder sie „ist anders"
II. Stereotyp	Die Verbindung dieses Stigmas mit einem negativen Stereotyp.	Wer dieser Meinung ist, ist auch ...", „Er/Sie schon wieder ..."
III. Separation	Die Ab- und Ausgrenzung der stigma-tisierten Personen.	Ich/wir vs. er/sie
IV. Diskriminierung	Die Verhaltensänderung gegenüber dieser Personen.	Mobbinghandlungen

© C. Burfeind 2020

Abb. 5.7 Mobbingprozess als Stigmatisierung. (© C. Burfeind 2020)

In einer schwedischen Untersuchung war jeder und jede fünfte behinderte
Beschäftigte Mobbing ausgesetzt, im Gegensatz zu jedem und jeder 25. Nicht-
behinderten (Leymann 2006, S. 98 ff.). Das hebt die besondere Bedeutung des
Themas Mobbing für die betrieblichen Schwerbehindertenvertretungen nach
§§ 177–180 SGB IX und die Beauftragten des Arbeitgebers für Angelegen-
heiten schwerbehinderter Menschen nach § 98 SGB IX hervor. Auch andere in
§ 1 AGG (Allgemeinen Gleichbehandlungsgesetz) genannten Unterscheidungs-
merkmale wie Rasse, ethnische Herkunft, Geschlecht, Religion/Weltanschauung,
Behinderung, Alter oder sexuelle Identität, können auslösende oder verstärkende
Faktoren für Mobbing sein. Und neben sichtbarer Krankheit und Behinderung
gehören zur äußerlichen Erscheinung ebenso Merkmale wie besonders groß/
klein, besonders dick/dünn, auffällige Kleidung, auffällige Stimme, Sprachfehler
oder eine ungewöhnliche Körperhaltung.

Mobbingphasen

6

Es gibt unterschiedliche Versuche, den Verlauf eines Mobbingprozesses bis zu seinem Ende idealtypisch darzustellen. Modelle sollten als Modelle genommen werden. Kein Mobbingprozess gleicht dem anderen, nicht alle Phasen werden durchlaufen und nicht alle Aspekte können von einem knappen Modell erfasst werden. Dennoch sind solche Modelle nützlich, um die jeweilige Eskalationsstufe und den Handlungsbedarf einschätzen zu können. Im Folgenden sollen zwei Modelle dargestellt werden.

Hilfreich für das Verständnis der Dynamik des Mobbinggeschehens ist z. B. das Vier-Phasen-Modell des Mobbing-Reports (*Meschkutat* 2002, S. 53–55; vgl. auch *baua* 2011, S. 9; Abb. 6.1; siehe auch Abb. 6.2).

Beim Mobbing – wie bei allen Konflikten – geht es in der Regel zuerst um eine Sache und dann mehr und mehr um die Person. Sie wird stigmatisiert. Eine ungelöste Meinungsverschiedenheit steht dann *pars pro toto* für die gesamte Person. Im Laufe der Zeit verhält sich und handelt diese Person dann irgendwann so, wie ihr es von Beginn an vorgeworfen und unterstellt wurde. Nach und nach wenden sich auch andere, ursprünglich nur Zuschauer, von der betroffenen Person ab. Stigmatisierung und soziale Isolation sind Mobbinghandlung und Mobbingfolge zugleich.

> ▶ Stigmatisierung und soziale Isolation sind Mobbinghandlung und Mobbingfolge zugleich.

Diese Dynamik bedeutet, dass sich betroffene Personen nur sehr schwer eigenständig dem Mobbing entziehen können. „Je verzweifelter sich das Opfer wehrt, desto enger zieht sich die Schlinge" (Litzcke et al. 2013, S. 109). Jede Selbstverteidigung, Handlung und Verhaltensweise der Zielperson wird mit immer weniger

Mobbingphasen nach dem Mobbing-Report

Phase I
Konflikte, einzelne Vorfälle

Am Anfang eines Mobbingprozesses steht meist ein ungelöster oder schlecht bearbeiteter Konflikt. Daraus erwachsen zunächst erste Schuldzuweisungen und vereinzelte persönliche Angriffe gegen eine bestimmte Person.

Phase II
Der Psychoterror setzt ein

Die Differenzen weiten sich immer mehr aus. Der ungelöste Konflikt gerät in den Hintergrund, während die betroffene Person immer häufiger zur Zielscheibe systematischer Schikanen wird. Das Selbstwertgefühl der gemobbten Person nimmt ab bzw. sie wird zunehmend isoliert und ausgegrenzt.

Phase III
Der Fall wird offiziell, arbeitsrechtliche Sanktionen

Die Entwicklung eskaliert. Durch die ständigen Demütigungen ist die gemobbte Person so verunsichert, dass die Arbeit erheblich darunter leidet. Die gemobbte Person gilt zunehmend als so „problematisch", dass ihr arbeitsrechtliche Maßnahmen, wie Abmahnung, Versetzung oder Kündigung angedroht werden.

Phase IV
Der Ausschluss

Viele Mobbingfälle enden mit dem Verlust des Arbeitsplatzes und manchmal sogar mit dem Ausscheiden aus der Arbeitswelt. Entweder kündigen die Betroffenen selbst oder ihnen wird gekündigt bzw. sie willigen in einen Auflösungsvertrag ein. Oftmals sind psychosomatische Krankheiten, langfristige Krankschreibungen und manchmal auch dauerhafte Arbeitsunfähigkeit die Folge.

Abb. 6.1   Mobbingphasenmodell des Mobbing-Reports. (*Meschkutat* 2002; © C. Burfeind 2020)

Zweifel gegen den Angeklagten oder die Angeklagte ausgelegt. Und da Mobbing häufig erst sehr spät als solches erkannt und ernstgenommen wird – nach Glasl in der 3. und 4. Konflikteskalationsstufe, nach Litzcke et al. am Ende der 2. Mobbingeskalationsstufe –, ist häufig auch schon zu viel geschehen, um eine Mobbingsituation zügig und konstruktiv zu klären.

> „Je verzweifelter sich das Opfer wehrt, desto enger zieht sich die Schlinge."
> (Litzcke et al. 2013, S. 109)

Sehr frühes Eingreifen aller, der „unbeteiligt beteiligten" Zuschauerinnen und Zuschauer, der direkten oder nächsthöheren Führungsebene und der Betroffenen selber, ist eine zwingende Voraussetzung, um Mobbing bereits in den Anfängen zu unterbinden.

INFO MOBBINGMODELL

Litzcke et al. ergänzen zwischen der dritten und vierten Phase des Phasenmodells des Mobbing-Reports eine Stufe „Fehldiagnosen". Diese Ergänzung hebt hervor, dass psychische und psychosomatische Erkrankungen bereits *während* und nicht erst *nach* der innerbetrieblichen Entwicklung auftreten (Abb. 6.2).

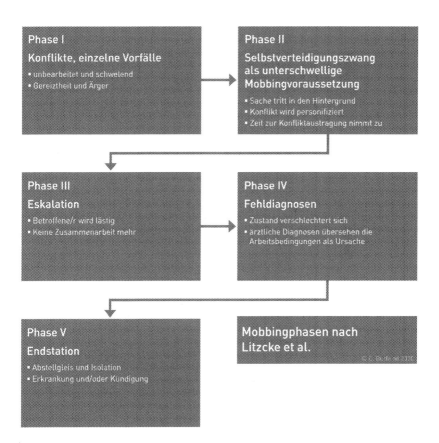

Abb. 6.2 Mobbingphasenmodell nach Litzcke et al. 2013, S. 107 f. (© C. Burfeind 2020)

Mobbingfolgen

7.1 Betroffene

Verlust der Arbeits- und Leistungsfähigkeit, Selbstwertverlust, psychische und psychosomatische Erkrankungen, negative Auswirkungen auf das Familien- und Privatleben sowie ein Wechsel oder der Verlust des Arbeitsplatzes sind die Hauptfolgen für Zielpersonen von Mobbing.

Arbeits- und Leistungsfähigkeit
Mobbing hat starke negative Auswirkungen auf die Arbeits- und Leistungsfähigkeit der Betroffenen – und erhöht damit wiederum deren Angriffsfläche im Mobbinggeschehen, wie Kritik am Verhalten und an der Arbeit. Über die Hälfte aller Betroffenen berichtet: „Ich war demotiviert", „Ich entwickelte starkes Misstrauen", „Ich wurde nervös", „Ich war verunsichert", „Ich habe mich zurückgezogen", „Ich fühlte mich ohnmächtig", „Ich habe innerlich gekündigt", „Es kam zu Leistungs- und Denkblockaden", „Ich zweifelte an meinen Fähigkeiten", „Ich wurde ängstlich – hatte Angstzustände", „Ich war unkonzentriert bei der Arbeit" (*Meschkutat* 2002, S. 77; Nennungen zwischen 71,9 % und 51,5 %). Neben der Leistungsfähigkeit sind insbesondere Selbstwert, Selbstbewusstsein und Selbstwirksamkeitserwartung reduziert, also die subjektive Überzeugung, kompetent mit schwierigen Situationen umgehen und sie bewältigen zu können.

Gesundheit
Fast neun von zehn Betroffenen (86,6 %) berichten von negativen Auswirkungen des Mobbings auf das psychische und physische Wohlbefinden. Insgesamt erkranken in Folge des Mobbings über 40 % der Betroffenen (43,9 %). Jede und

© Der/die Herausgeber bzw. der/die Autor(en), exklusiv lizenziert durch Springer Fachmedien Wiesbaden GmbH, ein Teil von Springer Nature 2020
C. Burfeind, *Mobbing am Arbeitsplatz erkennen und verstehen*, essentials, https://doi.org/10.1007/978-3-658-31286-2_7

jeder Fünfte (21,5 %) ist länger als sechs Wochen arbeitsunfähig (48,9 % aller Erkrankten). Viele Betroffene treten im Verlauf des Mobbingprozesses eine Kur oder einen stationären Klinikaufenthalt an oder begeben sich in therapeutische Behandlung (*Meschkutat* 2002, S. 79).

Die häufigste Erstdiagnose betroffener Mobbingpatienten ist zu 89 % eine depressive Symptomatik, also eine depressive Reaktion auf eine Anpassungsstörung, eine rezidivierende depressive Störung oder eine depressive Episode. Typische Symptome Betroffener sind zudem Schlafstörungen, Grübeln, Reizbarkeit, Konzentrationsschwierigkeiten, Antriebsminderung, Rückenschmerzen, Kopfschmerzen, Hilflosigkeitserleben, gedrückte Stimmung, Angstreaktion, Somatisierungsphänomene und Kreislaufbeschwerden (nach Schwickerath und Holz 2012, S. 24 f.).

Der Mobbing-Report nennt zusätzlich Migräneanfälle, Atemnot, Lähmungserscheinungen, Neurodermitis, Erkrankungen im Magen- und Darmbereich sowie Herz-/Kreislauf- und Krebserkrankungen (*Meschkutat* 2002, S. 79). Köllner nennt folgende Diagnosen, die als Folge von Mobbing in Betracht kommen: Anpassungsstörungen, Verbitterungsstörungen und depressive Störungen, Angststörungen (v. a. Panikanfälle und arbeitsplatzbezogene Ängste), somatoforme und funktionelle Störungen, chronische Schmerzerkrankungen, Schlafstörungen, arterielle Hypertonie sowie Herz-Kreislauf-Erkrankungen bis hin zum Myokardinfarkt (Köllner 2017, S. 125).

"Die Betroffenen führen ein breites Spektrum an Krankheitsbildern an, die von ihnen auf das Mobbing zurückgeführt werden: Angefangen von typischen Stresssymptomen wie Schlafstörungen, Kopfschmerzen und Migräneanfällen über Atemnot, Lähmungserscheinungen und Neurodermitis bis hin zu schwerwiegenden – chronisch verlaufenden – Krankheiten, wie beispielsweise Depressionen, Erkrankungen im Magen- und Darmbereich sowie Herz-/Kreislauf- und Krebserkrankungen." (*Meschkutat* 2002, S. 79)

Familie und private Situation

Auch das Privatleben der Betroffenen, Partnerschaft, Familie, Freunde und Bekannte werden von der Mobbingsituation am Arbeitsplatz erfasst. In einer hoch belasteten Arbeitssituation ist das Privatleben dann keine Ressource mehr, sondern wird zur zusätzlichen Belastung für die Betroffenen. Sie berichten von Unausgeglichenheit, sozialer Isolation, Streit in Familie und Partnerschaft, allgemein belastender Situation, finanziellen Probleme, Kraft- und Lustlosigkeit (Nennungen zwischen 23,7 % und 13,9 %) sowie Aggressivität, Mobbingthematik bestimmt Privatleben, Depressionen, Trennung von Partner/in (Nennungen zwischen 9,6 % und 8,1 %; *Meschkutat* 2002, S. 90).

7.2 Organisation

> Konflikte sind wie eine Diva. Man kann sie eine Weile lang ignorieren, aber dann fordern sie die volle Aufmerksamkeit.

Konflikte sind wie eine Diva. Man kann sie eine Weile lang ignorieren, aber dann fordern sie die volle Aufmerksamkeit. Informelle Gesprächszeit, Aufmerksamkeit und Arbeitszeit aller am Mobbing Beteiligten, der Zuschauenden oder der als betriebliche Akteure Involvierten drehen sich im Mobbingprozess zunehmend um den latenten oder bald offen sichtbaren Konflikt.

Friktionskosten für das Unternehmen insgesamt sind u. a. Ausfalltage, Arbeitszeit für Gespräche, Produktionsstörung, Qualitätsverlust, Kundenirritation und -unzufriedenheit, Personalkosten für die Überbrückung von Krankheitstagen, Einarbeitungszeiten nach Versetzung oder Kündigung, Wissensverlust, Fluktuation, Imageschaden, Attraktivitätsverlust des Arbeitgebers.

Neben den individuellen Folgen der betrieblichen Situation für die Betroffenen, die der Arbeitgeber im Rahmen seiner Fürsorgepflicht beachten muss, sind damit auch die betrieblichen Folgen erheblich. Eine Sensibilisierung aller Beschäftigten für Konflikt- und Mobbinggeschehen sowie konkrete Vereinbarungen zum Umgang mit dem Krisenfall sind hier von großer präventiver *und* wirtschaftlicher Bedeutung.

Wenn das oben Gesagte allerdings stimmt, dass das Zusammenspiel von Arbeitsorganisation und Führungsverhalten ein wichtiger Nährboden für Mobbing ist, dann sind diese Mobbingkosten nur ein Teil eines vermutlich insgesamt problematischen Arbeitsklimas und einer insgesamt verringerten Arbeitsfähigkeit im Unternehmen.

Mobbingbewältigung

8

Mobbingsituationen sind so gestaltet, dass ihnen nur schwer begegnet werden kann. Und sie sind so gestaltet, dass sie erst relativ spät im Mobbingprozess als Mobbing erkennbar sind. Das macht es sehr schwierig, eine gute Lösung der einmal erkannten Situation herbeizuführen. Im Folgenden sollen einige Möglichkeiten des Umgangs mit einer konkreten Mobbingsituation zuerst für die Betroffenen, dann für das Unternehmen aufgezeigt werden. Mögliche *präventive* Maßnahmen werden in Kap. 10 näher erläutert.

8.1 Betroffene

„Mobbingprozesse werden in der Regel bis zum bitteren Ende durchgezogen und erst dadurch beendet, dass die Betroffenen weichen." (Litzcke et al. 2013, S. 119).

Betroffene berichten durchaus von Gegenwehr. In vielen Fällen erfolgten folgende Maßnahmen: „Versuch, Aussprache herbeizuführen" (74,3 %), „Sprachlich massiv zur Wehr gesetzt" (53,3 %), „Mobber nach den Gründen für das Verhalten gefragt" (46,0 %), „Mobber aufgefordert, Verhalten zu unterlassen" (44,4 %), „Mobber Vorschläge zur Lösung angeboten" (35,6 %) (*Meschkutat* 2002, S. 94 f.; Mehrfachnennungen waren möglich).

Vier von fünf Betroffene (83,1 %) berichten aber auch, dass ihr Klärungsversuch abgeblockt oder unterdrückt worden sei. Rückblickend gefragt, ob sie eine Möglichkeit gehabt hätten, das Mobbing zu verhindern, verneinen dies Dreiviertel aller Befragten (77,4 %), nur 6,1 % bejahen diese Frage. Knapp die Hälfte (46,0 %) sagt, sie würden heute anders reagieren und sich z. B. frühzeitiger und eindeutiger zur Wehr setzen oder schneller den Arbeitsplatz aufgeben (*Meschkutat* 2002, S. 100).

In weniger als jedem sechste Mobbingfall (16,1 %) werden die Verursacher von Mobbing als Aggressoren zurück- und zurechtgewiesen bzw. von betrieblichen Maßnahmen getroffen (4,7 % Aussprache, 3,5 % Einleitung rechtlicher Schritte, 3,5 % Gegenwehr, 2,2 % Vorgesetztenwechsel, 1,2 % Versetzung des Mobbers, 1,0 % Intervention des Betriebsrats; *Meschkutat* 2002, S. 104). Besonders häufig sind Angestellte als Verursacher von arbeitsrechtlichen Konsequenzen getroffen: 13,8 % Versetzung, 10,7 % Kündigung, während im Beamtenbereich nur 3,8 % versetzt und 3,0 % gekündigt werden (*Meschkutat* 2002, S. 91).

Als Gründe für das Ende eines Mobbingprozesses nennt der Mobbing-Report vor allem Abmahnung (25 %) oder Kündigungsandrohung (20 %), in 38 % der Fälle Versetzung (8 % Zwangsversetzung, 30 % mit Zustimmung) und in 50 % der Fälle Verlust des Arbeitsplatzes (20 % Eigenkündigung, 15 % Kündigung durch den Arbeitgeber, 15 % Auflösungsvertrag) – der oder des betroffenen Menschen (*baua* 2011, S. 22; Mehrfachnennungen waren möglich). In ca. vier von fünf Fällen weicht die *Zielperson* von Mobbing (*Meschkutat* 2002, S. 91). Diese Zahlen deuten insgesamt erneut darauf hin, dass eine Mobbingsituation, einmal als solche erkannt, nur noch schwer in einer Weise zu lösen ist, die die Verursachenden trifft und die Betroffenen schützt.

> **TIPP BEWÄLTIGUNG IM TEAM**
> Dass in vier von fünf Fällen die von Mobbing betroffene Person weicht, ist für ein allgemeines Gerechtigkeitsempfinden nur schwer zu ertragen. Auch beim Mobbing gilt, was bei der Kommunikation gilt: Ich kann nicht nicht kommunizieren. D. h., sobald jemand von Mobbing erfährt, kann er oder sie nicht mehr *nicht* beteiligt sein. Es ist daher auch für nur indirekt Involvierte im Nachhinein wichtig, sich ihrer Rolle, ihrer Tatenlosigkeit, Hilflosigkeit oder Erfolglosigkeit zu stellen und das Erlebte zu verarbeiten. Tertiärprävention, also die nachholende Prävention und Aufarbeitung des Erlebten in den zentral Betroffenen Teams ist ein wichtiger Faktor im Rahmen der vollen Wiederherstellung der Arbeitsfähigkeit der Teams und der betrieblichen Prävention gegen Mobbing.

Eine direkte Gegenwehr der Betroffenen scheint, wenn überhaupt, nur in den allerfrühesten Stadien von Mobbing erfolgreich zu sein. Insgesamt scheint es, dass für die Betroffenen selber die Deeskalation eher zur Verbesserung der Situation beiträgt, als die Konfrontation. Das heißt, dass die Betroffenen möglichst frühzeitig den Mobbingsituation ausweichen und sich möglichst schnell Hilfe und Unterstützung suchen sollten, innerhalb des Betriebs oder außerhalb.

Externe Ansprechpersonen

Die häufigsten externen Ansprechpersonen für Betroffene sind Partner/in und Familie (76,4 %), Freund/innen und Bekannte (59,4 %) sowie Hausarzt/-ärztin (52 %). Als explizit hilfreich wurden jedoch in dieser Reihenfolge erlebt: Psychologe/-in oder Therapeut/in (57,3 %), Selbsthilfegruppe (55,6 %), Partner/in und Familie (54,2 %), Rechtsanwalt/-anwältin (47,1 %), Lebens-/Krisenberatungsstelle (47,9 %), Mobbingberatungsstelle (45,2 %), Hausarzt/-ärztin (41,4 %), Freund/innen oder Bekannte (40,8 %), Gewerkschaft (31,8 %), Sonstiges (47,1 %) (*Meschkutat* 2002, S. 98; Mehrfachnennungen waren möglich). Der insgesamt hohe Anteil externer Ansprechpersonen, die bei der Aufarbeitung des Geschehens als hilfreich erlebt wurden, deuten darauf hin, dass es für viele von Mobbing Betroffene als hilfreich erlebt wird, die Situation und das Erleben *Unbeteiligten* schildern zu können und mit diesem Erleben ernst genommen zu werden. Wichtig ist jedoch auch, dass am hilfreichsten die sehr persönlichen Bezugssettings erlebt wurden, das therapeutische Setting, die Selbsthilfegruppe und die Familie.

TIPP THERAPIE

Mobbing ist keine eigenständige Diagnose nach ICD-10. Viele z. T. schwerwiegende psychische und psychosomatische Diagnosen lassen sich aber auf Mobbing als Ursache zurückführen (siehe Abschn. 7.1). Von Mobbing betroffene Menschen brauchen daher Psychotherapie und eine gute Nachsorge, denn neben den Arbeitsbedingungen und der Persönlichkeit der Verursacher ist auch die Persönlichkeit der Betroffenen – wie eine Neigung zu Verhaltensexzessen (hohe Verausgabungsbereitschaft, Ablehnungssensibilität und hohes Ungerechtigkeitsgefühl) und Verhaltensdefiziten (geringe Distanzierungsfähigkeit und hohe Resignationsneigung) – mit-ursächlich im Mobbinggeschehen und Bedarf der Bearbeitung (siehe Abschn. 5.3). Zugleich beeinträchtigt Mobbing den Selbstwert und die erlebte Selbstwirksamkeit der Betroffenen massiv und dauerhaft. Zur Therapie der Mobbingfolgen sollten Betroffene daher aus der Konfliktsituation herausgenommen werden, denn nur mit Abstand von der Mobbingsituation werden sie das Erlebte langfristig bewältigen können. Ziel der Therapie ist es, a) eine äußere und innere Distanz zum Mobbinggeschehen zu schaffen, b) die Mobbingsituation zu verstehen, c) eine Entscheidung über die weitere berufliche Perspektive zu treffen und d) Schritte zur Erreichung dieser Ziele einzuüben (vgl. Schwickerath und Holz 2012, S. 46 ff.).

Mobbingtagebuch

Häufig wird Betroffenen das Führen eines Mobbingtagebuchs empfohlen, um innerbetrieblich z. B. gegenüber der Beschäftigtenvertretung aber auch im Falle eines Rechtsstreits vor Gericht die Systematik und Dauer der Mobbinghandlungen plausibel machen zu können. In einem Mobbingtagebuch sollte genau aufgeführt werden, wer was wann getan hat, wie die Situation erlebt wurde, wie reagiert wurde und wer das möglicherweise bestätigen kann. Auch andere Sachinformationen sollten notiert werden, wie gesundheitliche Beschwerden, Arbeitsleistung, Arztbesuche, Gespräche mit dem Arbeitgeber u. a. m. Bei der Beschreibung konkreter Mobbingsituationen kann es hilfreich sein, die Liste der Mobbinghandlungen von Leymann hernzuziehen (Leymann 2006, S. 33 f.; s. Abb. 4.3).

Betroffene berichten, dass es eine große Erleichterung gewesen sei, bisher erlebte Mobbinghandlungen sortiert aufzuschreiben, da sie sich so versichern konnten, nicht – entsprechend dem Vorwurf – überempfindlich oder paranoid zu sein, sondern dass es sich tatsächlich um eine Häufung schikanöser Handlungen handelt. Auch Beschäftigtenvertretungen berichten, dass ein Mobbingtagebuch bei einer Intervention hilfreich gewesen sei, um eine gewisse Sicherheit im Gespräch zu haben, dass es sich um eine begründete Beschwerde des oder der Betroffenen handelt.

Betroffene sollten diese positiven Aspekte jedoch abwägen gegen die auch problematischen Effekte, denn nach dem ersten Notieren meist vieler Einzelsituationen zwingt das *dauerhafte* Führen eines Mobbingtagebuchs den Betroffenen eine Wahrnehmung auf, die fast ausschließlich auf die negativen Aspekte bei der Arbeit fokussiert. Gedanken und Gefühle stehen in der Gefahr, noch mehr als ohnehin um die Mobbingattacken und die erlebte Hilflosigkeit zu kreisen. Auch betriebliche Akteure, die innerbetrieblich oder außerbetrieblich für die Betroffenen Recht durchsetzen wollen, sollten abwägen, ob nicht der Erhalt der psychischen Gesundheit und der Schutz der Person Vorrang vor einer zusätzlich belastenden rechtlichen Auseinandersetzung haben, noch dazu, weil die Durchsetzung des Rechts beim Mobbing so schwierig ist (vgl. Schwickerath und Holz 2012, S. 28, 136 ff.).

8.2   Organisation

Mobbing wird nach Glasl (2013, S. 91) erst in der dritten und vierten von neun Konflikteskalationsstufen sichtbar. In der fünften Stufe wird das Mobbing dann öffentlich und direkt ausgetragen. Bis eine Zielperson selber aktiv wird oder eine Führungskraft oder andere betriebliche Akteure in dem Konflikt unterstützend tätig werden oder werden können, sind die Fronten daher meist schon verhärtet und die Stigmatisierung der Zielperson auch im betrieblichen Umfeld ist bereits weit fortgeschritten. Eine Klärung oder Moderation des Mobbingkonflikts ist in diesem recht späten Stadium nur sehr selten noch möglich.

TIPP MEDIATION

Mobbing entzieht sich der Mediation. Eine Mediation setzt die Bereitschaft beider bzw. aller Konfliktparteien zur gemeinsamen Konfliktklärung voraus, um wieder und dann langfristig zusammenarbeiten zu können. Gemeinsame Klärungsgespräche sind im Fall von Mobbing daher kaum erfolgreich. Sie werden die Verursacher nur selten zum Einlenken bewegen und die Betroffene Person kaum beruhigen, dass die Verursacher ihr Fehlverhalten eingesehen haben und die Schikanen künftig unterlassen werden. Anders als bei der Konflikteskalation, bei der ab der dritten bis vielleicht noch sechsten Stufe die externe Mediation eine gute Möglichkeit ist, den Konflikt zu klären, bleibt Mediation bei Mobbing schwierig.

▷   Wenn Moderation und Mediation nicht helfen, hilft nur noch das Machtwort.

Im Fall von Mobbing ist es dringende Aufgabe der Organisation, also der direkten Vorgesetzten oder nächsthöheren Hierarchieebene, der betrieblichen Akteure wie Arbeitnehmervertretung, Konfliktlotsen u. a. m. aktiv Gespräche mit allen Beteiligten zu führen. Insbesondere den Verursachern muss deutlich gemacht werden, dass sich die Situation und ihr Verhalten ändern müssen, auch und unabhängig davon, ob es sich nachgewiesenermaßen um Mobbing handelt oder „nur" einen schlechten Umgangston. Da die Verursacher in der Regel vielleicht einzelne problematische Handlungen zugeben, aber eine grundsätzlich negative Haltung gegenüber der Zielperson abstreiten werden, wird sich als wichtigste betriebliche Maßnahme die Art und Weise der Zusammenarbeit der Beteiligten grundlegend ändern müssen. Nach verpasster frühzeitiger Moderation eines entstehenden Konflikts hat sich dieser beim Mobbing von der Sach- über die Beziehungs- auf die Handlungsebene bewegt und ist in der Regel nur noch durch Handeln zu bewältigen – also durch die Trennung der Konfliktparteien (vgl. Kolodej 2016, S. 9 ff.). Wenn Moderation und Mediation nicht helfen, hilft nur noch das Machtwort (siehe Abb. 2.1).

Wie bereits gesehen, sind zur Lösung der Mobbingsituation in ca. 80 % der Fälle die Betroffenen von betrieblichen Um- oder Versetzungsmaßnahmen oder Kündigung betroffen. Für die Verursacherinnen und Verursacher zieht das Mobbing laut Aussagen der Betroffenen in ca. 60 % der Fälle keinerlei Folgen nach sich. Das deutet auf die großen betrieblichen Schwierigkeiten hin, Mobbing zu verstehen und eine verbindliche, eindeutige Haltung gegen Mobbing zu entwickeln, die zwischen eigenständig lösbaren Konflikten und Mobbing zu unterscheiden weiß. Umso wichtiger ist die betriebliche Aufklärung über Kriterien, Ursachen und Folgen von Mobbing am Arbeitsplatz.

Auch wenn eine Lösung, die nur die Betroffenen trifft, ungerecht erscheint, kann den Betroffenen eine innerbetriebliche Veränderung dennoch helfen, neu anzufangen. Eine hohe Sensibilität der oder des neuen Vorgesetzten, im besten Fall auch moderierte Gespräche im und mit dem neuen Team, sind jedoch notwendig, um vorauslaufenden Gerüchten entgegenzuwirken. Grundsätzlich und zuallererst müssen aber die Verursacher mit Maßnahmen in den Blick genommen werden. Auch wenn ein einziger Mobbingvorwurf nicht ausreichen wird, in der Gesamtschau einer Situation liegen häufig ausreichend Hinweise zum Sozialverhalten der verursachenden Person vor, die rechtfertigen, vom Verursacher eine deutliche Verhaltensänderung zu fordern oder eine Um- oder Versetzung zu besprechen, anzuordnen oder einen Aufhebungsvertrag zu verhandeln. Dazu braucht es eines gewissen Mutes der Vorgesetzten und Personalverantwortlichen.

8.3   Gesprächsführung

Wie spreche ich Mitarbeiterinnen und Mitarbeiter, die belastet scheinen, an? Wie reagiere ich im Gespräch, wenn ein Mitarbeiter oder eine Mitarbeiterin mir gegenüber von Mobbing berichtet? Für Vorgesetzte und betriebliche Akteure sind diese und ähnliche Situationen nicht alltäglich und nicht immer einfach. Im Folgenden sollen daher einige Hinweise gegeben werden, was in diesen Gesprächssituationen hilfreich sein kann.

Veränderungen im Arbeits- und Sozialverhalten können nicht nur Folge von zu hoher psychischer Arbeitsbelastung sein, sondern auch von versteckter Schikane und beginnendem Mobbing am Arbeitsplatz. Vorgesetzte sollten einen Mitarbeiter oder eine Mitarbeiterin daher ansprechen, sobald sie eine Veränderung des Arbeits- und Sozialverhaltens eines Mitarbeiters oder einer Mitarbeiterin bemerken: einen auffälligen Leistungsabfall, häufigere kurze Ausfallzeiten, ein insgesamt negativ verändertes Sozialverhalten oder sozialen Rückzug ohne ersichtlichen Grund. Je frühzeitiger entsprechende Gespräche geführt werden, desto größer ist die Chance, die belastende Situation gut lösen zu können (Abb. 8.1).

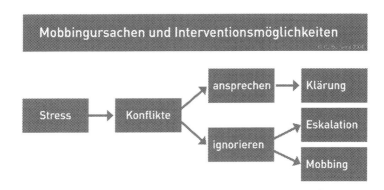

Abb. 8.1 Mobbingursachen und Interventionsmöglichkeiten. (© C. Burfeind 2020)

Wird das Thema Mobbing konkret angesprochen, dann sollten folgende Hinweise beachtet werden:

- Nehmen Sie den oder die Betroffene/n ernst und holen Sie ihn/sie dort ab, wo er/sie vom Erleben her steht: „Die Situation macht Ihnen sichtlich zu schaffen."
- Hören Sie sich die Geschichte(n) unvoreingenommen, d. h. ohne Partei zu ergreifen, anteilnehmend und ohne Ungeduld an: „Ich kann die Situationen selber nicht beurteilen. So, wie Sie das beschreiben, muss es für Sie aber wirklich sehr belastend und schwierig sein."
- Suchen Sie gemeinsam nach Maßnahmen, die der/die Betroffene selber umsetzen kann: „Was haben Sie bereits versucht und unternommen?" „Haben Sie eine Idee, was Sie in dieser Situation noch tun könnten?" „Was meinen Sie, was könnten wir gemeinsam tun, um diese Situation zu klären?"
- Sichern Sie dem/der Betroffenen dabei Ihre Unterstützung zu, ohne seine/ihre Position zu übernehmen: „Es war gut, dass Sie das Gespräch gesucht haben, denn es muss sich wirklich etwas für Sie ändern. Ich will Sie dabei so gut es geht unterstützen." „Wichtig ist in jedem Fall, dass Sie in dieser Zeit ganz besonders auf sich achten, und außerhalb der Arbeit Dinge tun, die Ihnen gut tun."
- Erbitten Sie sich Bedenkzeit, bevor Sie selber handeln: „Ich selber kenne die Situation ja nicht, daher möchte ich mir gerne noch einmal in Ruhe alles durch den Kopf gehen lassen. Ich schlage vor, dass wir uns übermorgen/kommende Woche noch einmal zusammensetzen."

TIPP SITUATIONSANALYSE

Wichtig für betriebliche Akteure wie Führungskräfte, die im Fall von Mobbing angesprochen und um Unterstützung gebeten werden, ist: Lassen Sie sich nicht in den Konflikt involvieren, beziehen Sie nicht vorschnell einseitig Position und nehmen Sie sich ausreichend Zeit für das Gespräch *und* für ihre anschließende Situationsanalyse, bevor Sie wissensbasiert und mit einer eindeutigen inneren Haltung handeln.

Ansprechpartner und betriebliche Akteure sollten nach einem Erstgespräch und vor dem vereinbarten Folgetermin die Bedenkzeit nutzen, um die Situation genau zu analysieren: Worum geht es? Wie ist der Konfliktverlauf? Welche Parteien sind beteiligt? Welche formellen und informellen Machtverhältnisse und Beziehungen bestehen zwischen den Beteiligten? Welche Grundeinstellung haben die Parteien zum Konflikt? Wird er für lösbar gehalten? Ist er begrenzt oder droht er sich auszuweiten? (vgl. Litzcke et al. 2013, S. 122 f.).

TIPP GESPRÄCH BEI PSYCHISCHER ÜBERLASTUNG

Veränderungen im Arbeits- und Sozialverhalten, die sich negativ auf die Arbeitsfähigkeit auswirken, können Folge von zu hoher psychischer Belastung sein. Auch unabhängig von einem möglichen Mobbinggeschehen sollten Vorgesetzte entsprechende Veränderungen achtsam wahrnehmen und frühzeitig ein Klärungsgespräch führen. Formulierungen für ein solches Gespräch können sein:

- „Ich habe bemerkt, dass …", „Mir ist aufgefallen, dass …"
- „Ich kann nicht beurteilen …, aber ich nehme wahr, dass …"
- „Gibt es Faktoren im Betrieb, die momentan …?"
- „Wie erleben Sie den Umgang im Team?"
- „Was meinen Sie, was nehmen Ihre Kollegen/-innen wahr?"
- „Was glauben Sie, wäre in dieser Situation hilfreich für Sie?", „Wie kann ich/können wir/kann Person xy Sie dabei unterstützen?", „Was können wir gemeinsam tun, damit …?"
- „Ich schlage vor, dass wir uns in x Wochen noch einmal zusammensetzen." (Hier sollte ein konkretes Datum vereinbart werden).

Rechtliches 9

▷ Mobbing ist Ausdruck des lokalen Versagens der betrieblichen Unternehmenskultur.

„Eines der Hauptmerkmale erfolgreicher Organisationen ist der gegenseitige Respekt für die Würde des anderen auf allen Ebenen innerhalb des Arbeitsumfelds. Daher sind Belästigung und Gewalt nicht akzeptabel." (Autonome Rahmenvereinbarung zu Belästigung und Gewalt am Arbeitsplatz, Europäische Sozialpartner [BUSINESSEUROPE, UEAPME, CEEP und ETUC] vom 26.04.2007).
Mobbing ist Ausdruck des lokalen Versagens einer betrieblichen Unternehmenskultur, die die Gesundheit, Kompetenz und Motivation der Beschäftigten nicht ausreichend im Blick hat. Der innerbetriebliche und betriebswirtschaftliche Schaden von Mobbing sind hoch. Ebenso sind es die individuellen Folgen für die Betroffenen. Eine rechtliche Klärung der Situation und/oder Formen der Entschädigung sind jedoch nur ein letztes Mittel, wenn alle – viel sinnvolleren – präventiven Maßnahmen und der innerbetriebliche Schutz der Betroffenen erfolglos waren. Rechtsverfahren dauern häufig sehr lange und bedeuten für die Betroffenen – ähnlich wie das Führen eines Mobbingtagebuchs – eine langfristig belastende Auseinandersetzung mit der Situation. Sollte der Prozess gewonnen werden, ist eine gute Rückkehr in den Betrieb in der Regel kaum mehr möglich und es kommt spätestens dann zur Auflösung des Arbeitsverhältnisses.
Trotz dieser Bedenken gegen über dem Rechtsweg im Fall von Mobbing, sollten hier zentrale Aspekte der Rechtslage dargestellt werden, um einerseits deutlich zu machen, *dass* es rechtliche Möglichkeiten gegen Mobbing vorzugehen gibt und andererseits vor dem Hintergrund der Rechtslage direkt und indirekt auch die betriebliche Fürsorgepflicht des Arbeitgebers zu verdeutlichen.

C. Burfeind, *Mobbing am Arbeitsplatz erkennen und verstehen*, essentials, https://doi.org/10.1007/978-3-658-31286-2_9

Wichtig für das Verstehen der Rechtslage (ausführlichere Hinweise zur Rechtslage bei Litzcke et al. 2013, S. 125–146) ist, dass einzelne, abgrenzbare Handlungen noch kein Mobbing sind, selbst dann nicht, wenn sie für sich genommen rechtswidrig sind. „Mobbing ist das systematische Anfeinden, Schikanieren oder Diskriminieren von Arbeitnehmern untereinander oder durch Vorgesetzte." (BAG Beschl. v. 15.01.1997, Az.: 7 ABR 14/96) Bei Mobbingklagen wird von den Gerichten daher geprüft, ob

a) es sich um ein systematisches Vorgehen mit mehreren Einzelaktionen handelt – bei mehreren Verursachern als gemeinsames Handeln –,
b) ein Rechtsgut des oder der Betroffenen verletzt worden ist – das allgemeine Persönlichkeitsrecht, die Ehre oder die Gesundheit – und
c) eine Täter-Opfer-Konstellation vorliegt (vgl. LAG Rheinland-Pfalz v. 16.08.2001, Az.: 6 Sa 415/01; vgl. Abschn. 3).

Das nachzuweisen ist nicht immer leicht. Für die Beweisführung kann daher ein Mobbingtagebuch helfen (siehe Abschn. 8.1).

Arbeitgeber und Beschäftigtenvertretung

Arbeitgeber und Beschäftigtenvertretung sind verpflichtet, Beschäftigten nach dem Grundsatz von „Recht und Billigkeit" gleich zu behandeln und die freie Entfaltung der Persönlichkeit zu schützen (§ 75 Abs. 1 u. 2 BetrVG). Bei diskriminierendem Verhalten muss der Arbeitgeber „geeignete, erforderliche und angemessene Maßnahmen zum Schutz der Beschäftigten ergreifen" und kann gegen solches Verhalten mit Abmahnung, Umsetzung, Versetzung und Kündigung vorgehen (§ 12 Abs. 4 u. 3 AGG). Auch der Betriebsrat kann die Versetzung oder Entlassung des Verursachers oder der Verursacherin von Mobbing verlangen (§ 104 BetrVG).

INFO FÜRSORGEPFLICHT
Arbeitgeber sind nach § 618 Abs. 1 BGB im Sinne ihrer Fürsorgepflicht verpflichtet, Gefahr für Leben und Gesundheit der Beschäftigten zu schützen, soweit es die Tätigkeit selber gestattet. Hat ein Arbeitgeber Kenntnis von Mobbing, ist er daher verpflichtet, der Sache nachzugehen und die Situation zu klären. Andernfalls haftet er für die Mobbingfolgen. Vorgesetzte übernehmen hier die Rolle als Erfüllungs- oder Verrichtungsgehilfe des Arbeitgebers gemäß § 278 bzw. § 831 BGB. Führungskräfte

müssen daher aktiv werden, sobald ihnen von Mobbing berichtet wird, und der Arbeitgeber ist in der Regel haftbar, wenn eine Führungskraft selber in Ausübung ihrer Tätigkeit am Mobbing beteiligt ist (vgl. Litzcke et al. 2013, S. 143 f.).

Beschwerderecht

Grundsätzlich hat der oder die Betroffene ein Beschwerderecht gegenüber dem Arbeitgeber (§ 84 BetrVG), der den Fall prüfen und für Abhilfe sorgen muss, und gegenüber dem Betriebsrat (§ 85 Abs. 1 BetrVG), der den Betroffenen oder die Betroffene bei der Klärung gegenüber dem Arbeitsgeber unterstützt. Hilft der Arbeitgeber den Beschwerden nicht ab, können sich Beschäftigte auch an externe Stellen wie das Landesamt für Arbeitsschutz (§ 17 Abs. 2 ArbSchG) wenden. Er oder sie kann sich auch an den Betriebsarzt oder den Ausschuss für Arbeitssicherheit wenden (§ 3 ArbSiG), die gegenüber dem Arbeitgeber allerdings nur beratende Funktion haben. Sofern es eine Betriebsvereinbarung gegen Mobbing gibt, sind ggf. weitere Anlaufstellen und innerbetriebliche Vorgehensweisen vorgesehen (siehe Abschn. 10.2).

Klage

Während Regelungen zu Gewalt und Belästigung am Arbeitsplatz in einigen europäischen Ländern im Arbeitsrecht (z. B. Frankreich) oder im Arbeits- und Gesundheitsschutz (z. B. Belgien) verankert sind, müssen zur rechtlichen Einordnung in Deutschland Rechtsvorschriften zur Gleichstellung, zum Strafrecht und zum Zivilrecht herangezogen werden (*Eurofound* 2015, S. 37).

Diese rechtlichen Regelungen sind jeweils auf strafbewehrte Einzelhandlungen bezogen. Problematisch für eine Mobbingklage von Betroffenen bleibt damit, dass Einzelhandlungen in der Regel schwer nachweisbar und eine einzelne konkrete Einzelhandlung häufig auch gar nicht rechtlich fassbar ist. Um Mobbing zu erfassen, muss eine Gesamtschau aller Einzelhandlungen vorgenommen werden.

INFO UNTERNEHMENSLEITUNG
Nach 35 Suiziden bei France Télécom, heute Orange, in den frühen 2000er
Jahren stand 2016 erstmals in Frankreich das Führungspersonal eines
Großunternehmens wegen Mobbing vor Gericht. 2019 wurden der Konzern-
chef, sein Stellvertreter und der Personalvorstand jeweils zu Haftstrafen und
der Konzern zu einer Geldstrafe verurteilt. Um Sparmaßnahmen durchzusetzen und 20.000 Eigenkündigungen zu erreichen, hätten sie systematisch
die Arbeitsbedingungen verschlechtert,. Die Verurteilungen waren auch
deshalb möglich, weil Mobbing (franz. harcèlement moral, „moralische
Belästigung") bereits seit 2002 als Straftatbestand im französischen Arbeits-
gesetzbuch definiert ist (Gesetz Nr. 2002-73 vom 17. Januar 2020 in der
Fassung Nr. 2003-6 vom 3.1.2003, Kapitel IV: Bekämpfung von Mobbing
am Arbeitsplatz, §§§ 169, 170 und 178; vgl. Winckler 2004, S. 53 f.).

Allgemeine Gleichbehandlungsgesetz (AGG)
Das Allgemeine Gleichbehandlungsgesetz (AGG) regelt Benachteiligungen auf-
grund von Rasse, ethnischer Herkunft, Geschlecht, Religion/Weltanschauung,
Behinderung, Alter oder sexueller Identität (§ 1 AGG). Handlungen, die eine
„Verletzung der Würde" oder „ein von Einschüchterungen, Anfeindungen,
Erniedrigungen, Entwürdigungen oder Beleidigungen gekennzeichnetes Umfeld"
bezwecken, werden vom AGG nur dann erfasst, wenn sie mit einem dieser
Gründe in Zusammenhang stehen (§ 3 AGG). Da sehr viele Mobbinghandlungen
aber keinen solchen Bezug haben (vgl. Abb. 4.2 und 4.3), ist es häufig schwer,
Mobbing auf Grundlage des AGG zu begegnen bzw. Mobbinghandlungen mit
dem AGG rechtlich zu fassen.

Strafrecht
Häufig sind einzelne Mobbinghandlungen strafrechtlich relevant: Beleidigung
(§§ 185, 192 StGB), üble Nachrede (§ 186 StGB), Verleumdung (§ 187 StGB),
Körperverletzung (§§ 223, 229 StGB), Nachstellung (§ 238 StGB), Nötigung
(§ 240 StGB), Bedrohung (§ 241 StGB), Sachbeschädigung (§ 303 StGB) sowie
Straftaten gegen Betriebsverfassungsorgane und ihre Mitglieder (§ 199 BetrVG).
Aber auch mit dem Vorgehen gegen einzelne Handlungen ist das Mobbing als
Gesamtgeschehen, das aus vielen problematischen bis strafbewehrten Einzelhandlungen besteht, noch nicht als solches rechtlich erfasst und abgewehrt. Und
auch dem psychischen Leiden, das nicht mit einer Einzelhandlung, sondern dem
Gesamtgeschehen Mobbing verbunden ist, wird die strafrechtliche Verfolgung
einer einzelnen Handlung nicht gerecht.

Zivilrecht

Zivilrechtlich können über folgende Bestimmungen Ansprüche der Betroffenen geltend gemacht werden: Unterlassungs- und Beseitigungsansprüche (§§ 12, 862, 1004 BGB), Schadensersatz wegen unerlaubter Handlung (§ 823 BGB), Widerruf und Unterlassung ehrverletzender Äußerungen und Unterlassung von Handlungen einschließlich einer ungerechtfertigten Abmahnung oder Kündigung (§§ 823, 1004 BGB) sowie Schmerzensgeld (§§ 823 ff, 847 BGB).

Verjährungsfrist

Häufig regeln Tarif- und Arbeitsverträge, dass alle gegenseitigen Ansprüche aus einem Arbeitsverhältnis bereits nach wenigen Monaten verjähren. Davon wären auch alle Mobbingvorwürfe betroffen. Im Juni 2013 hat das Bundesarbeitsgericht (BAG) jedoch gegen eine solche Auslegung im Fall von Mobbing entschieden, dass eine solche Ausschlussklausel „nicht vertragliche oder deliktische Ansprüche wegen einer vorsätzlichen oder grob fahrlässigen Pflichtverletzung eines Erfüllungs- bzw. Verrichtungsgehilfen der Beklagten erfasst" (BAG Az: 8 AZR 280/12). Das bedeutet, dass ein Arbeitgeber auch noch später haftbar gemacht werden kann, sollte er oder eine seiner Führungskräfte von Mobbing gewusst, aber nichts dagegen unternommen haben. Wie viele andere Ansprüche verjähren gemäß § 195 BGB Ansprüche wegen Mobbing nach drei Jahren. Ausnahmen, die beim Mobbing häufig eine Rolle spielen, sind „Schadensersatzansprüche, die auf der Verletzung des Lebens, des Körpers, der Gesundheit oder der Freiheit beruhen". Sie verjähren nach 30 Jahren (§ 199 Abs. 2 BGB).

Entschädigung und Schmerzensgeld

Die von Gerichten ggf. zugesprochenen Entschädigungssummen und Schmerzensgelder für Persönlichkeitsverletzungen und Krankheitsfolgen bewegen sich nach derzeitiger Rechtsprechung eher im unteren fünfstelligen Bereich (vgl. Litzcke et al. 2013, S. 140 f.). Inwieweit diese doch eher geringen Summen den eingetretenen Schaden, den finanziellen und zeitlichen Aufwand und die mit dem Prozessieren einhergehenden zusätzlichen psychischen Belastungen aufwiegen, muss jede und jeder Betroffene für sich entscheiden. Die „Erhaltung bzw. Wiederherstellung der psychischen Gesundheit des Mobbingopfers muss gegen die Vorteile eines risikobehafteten Rechtsstreits abgewogen werden." (Litzcke et al. 2013, S. 136)

Mobbingprävention

10

Oben wurde gesagt, dass es bei der Mobbingprävention einerseits um eine langfristige Strategie zur Konflikt- und Mobbingprävention und andererseits um den Schutz und die Stabilisierung der Betroffenen geht. Diese Unterscheidung ist wichtig, um nicht konkrete Mobbingfälle zur Durchsetzung betrieblicher Regelungen und Vereinbarung zu (be)nutzen – und so die Betroffenen und ihre individuelle, als lebensbedrohlich erlebte Notsituation für innerbetriebliche Auseinandersetzungen zu verzwecken.

> Der Schutz der betroffenen Person hat Vorrang vor der Durchsetzung des Rechts.

Es wird immer Betroffene geben, die selber betrieblich, dienstlich, rechtlich aktiv werden und werden wollen und so dazu beitragen, für das Thema zu sensibilisieren, betriebliche Regelungen durchzusetzen und auch die Rechtsprechung zum Thema Mobbing insgesamt voranzubringen. Neben der Weiterentwicklung der Rechtsprechung und des Rechts erhöhen Mobbingklagen auch den Druck auf Unternehmensleitungen, Führungskräfte und betriebliche Akteure, respektvolles und wertschätzendes Verhalten am Arbeitsplatz durchzusetzen. Für Betroffene ist es jedoch eine höchst individuelle Entscheidung, eine gerichtliche Auseinandersetzung zu führen. Sie sollte von betrieblichen Funktionsträgern und Funktionsträgerinnen nicht explizit vorangetrieben und im besten Fall therapeutisch begleitet werden. In der betrieblichen und außerbetrieblichen Mobbingberatung gilt pointiert formuliert: Der Schutz der betroffenen Person hat Vorrang vor der Durchsetzung des Rechts.

10.1   Betriebliche Prävention

▶ Die beste Konflikt- und Mobbingprävention ist die Reduktion psychischer Belastungen am Arbeitsplatz.

Die beste Mobbingprävention sind gute Arbeitsbedingungen. Sie sind zugleich Treiber für eine hohe Arbeitsfähigkeit im Unternehmen. Hierzu zählen z. B. passende Arbeitsinhalte und eine zu bewältigende Arbeitsmenge, eine gute Arbeitsorganisation, gesunde physische Umgebungsbedingungen sowie gute psychosoziale Bedingungen wie eine wertschätzende und respektvolle Unternehmens- und Führungskultur. Die beste Konflikt- und Mobbingprävention ist die Reduktion psychischer Belastungen am Arbeitsplatz.

Auf Vorgesetzten- und Leitungseben wird Konflikten und Reibereien zwischen Beschäftigten häufig mit der Haltung begegnet, das müssten die Beteiligten selber regeln, man könne sich doch nicht um alles kümmern. Das ist einerseits richtig, denn jeder und jede Beschäftigte muss zuerst versuchen, die eigenen Konflikte aktiv selber zu lösen. Mit dieser Grundhaltung Konflikten im Team gegenüber wird jedoch andererseits zu wenig beachtet, dass es allein schon aus betriebswirtschaftlichen Gründen ratsam ist, Konflikte möglichst frühzeitig wieder in eine Meinungsverschiedenheit zu überführen, um die Zusammenarbeit im Team und die Arbeitsfähigkeit langfristig zu erhalten.

Eine solche Haltung verkennt auch, dass abhängig beschäftigte Menschen in ihren Handlungs- und Verhaltensweisen am Arbeitsplatz nicht frei sind. Sie haben sich die Arbeitssituation, die Arbeitskolleginnen und Arbeitskollegen, das Team und die Vorgesetzte oder den Vorgesetzten in der Regel nicht ausgesucht. Beschäftigte – auch Führungskräfte – befinden sich immer auch in einer betrieblichen Zwangsgemeinschaft (vgl. Litzcke et al. 2013, S. 101) und werden aufgrund ihrer Tätigkeit in häufig konflikthafte und problematische Formen der Arbeit und der Zusammenarbeit gebracht, denen sie sich nicht entziehen können. So können sie auch einem nicht lösbar scheinenden Konflikt mit Kollegen oder Kolleginnen nicht einfach aus dem Weg gehen, einem Konflikt mit dem oder der Vorgesetzten noch weniger.

Schließlich wird auch die Tatsache verkannt, dass Menschen unterschiedlich selbstbewusst und selbstwirksam sind und sich in schwierigen Arbeitssituationen nicht immer so behaupten können, wie es die Führungskraft selber vielleicht kann. Führungskräfte – aber auch alle anderen Beschäftigten und Akteure – sollten vermeiden, von ihrem eigenen Verhaltensrepertoire auf Verhaltensmöglichkeiten anderer zu schließen, die vielleicht anfälliger für hohen Arbeitsdruck und schwierige Arbeitssituationen sind.

Konfliktprävention und Konfliktmoderation sind aus den genannten Gründen originäre Aufgaben des Arbeitgebers, im besten Fall gesteuert über Betriebs- oder Dienstvereinbarungen (BV, DV) und umgesetzt durch die Vorgesetzten, die Beschäftigten selber und z. B. Konfliktbeauftragte oder Konfliktlotsen im Unternehmen.

▶ Mobbingprävention beginnt bereits da, wo unangemessenes Sozial- und Kommunikationsverhalten stattfindet aber nicht thematisiert oder sanktioniert wird.

Mobbingprävention beginnt bereits da, wo unangemessenes Sozial- und Kommunikationsverhalten stattfindet aber nicht thematisiert oder sanktioniert wird. Sichtliches Augenrollen, nur halb verdecktes Kopfschütteln oder ein abwertendes Lächeln bei Wortmeldungen eines Kollegen oder Äußerungen wie „Die schon wieder ..." in einer Teamsitzung, die weder vom Team, noch vom Moderator oder Vorgesetzten umgehend als inadäquat und unerwünscht markiert werden, geben die betreffenden Kolleginnen und Kollegen „zum Abschuss frei". Störungen haben Vorrang. Mobbingprävention bereits in solchen Situationen zu praktizieren braucht nicht nur den Willen, sondern auch den Mut – Zivilcourage – der Vorgesetzten. Eine Sanktionierung inadäquaten Verhaltens durch Vorgesetzte sowie Kollegen und Kolleginnen muss zugleich durch eine entsprechende Unternehmenskultur und direkte wie indirekte Botschaften an die gesamte Belegschaft unterstützt und gestärkt werden. Ein Management, das selber entsprechend problematisch mit seinen Führungskräften umgeht, untergräbt jede betriebliche Konflikt- und Mobbingprävention.

Als innerbetriebliche Maßnahmen, Konflikten und Mobbing zu begegnen, bieten sich verschiedene, im besten Fall aufeinander abgestimmte Maßnahmen an, die im Folgenden kurz beschrieben werden sollen.

10.2 Betriebliche Regelungen

Betriebs- und Dienstvereinbarungen

Betriebs- und Dienstvereinbarungen zum Mobbing regeln den Umgang miteinander und im Konflikt- und Mobbingfall. Der Betriebsrat kann eine solche Betriebsvereinbarung herbeiführen (§ 87 BetrVG). Sie macht deutlich, dass Mobbing im Unternehmen keinen Platz hat und Konflikte konstruktiv gelöst werden sollen. Sie beschreibt das im Betrieb erwünschte Verhalten und regeln das Vorgehen im Konfliktfall.

Häufig gibt es auf Leitungsebene Vorbehalte gegen den Abschluss einer entsprechenden Betriebsvereinbarung, weil damit explizit die Behauptung im Raum stünde, im Betrieb gäbe es nicht lösbare Konflikte und vor allem Mobbing und weil Beschäftigte animiert würden, inflationär einen Mobbingvorwurf zu erheben.

Um die Akzeptanz einer solchen Betriebsvereinbarung auf allen betrieblichen Ebenen zu erhöhen, kann es daher sinnvoll sein, auch den Titel der Vereinbarung positiv zu gestalten. Beispiele wären „Betriebsvereinbarung partnerschaftliches Verhalten am Arbeitsplatz", „Betriebsvereinbarung über den partnerschaftlichen Umgang am Arbeitsplatz" oder „Betriebsvereinbarung über Chancengleichheit und respektvolle Zusammenarbeit". Konkreter werdende Alternativen können aber auch sein „Betriebsvereinbarung zum Schutz vor Diskriminierung, Mobbing und sexueller Belästigung und zur Förderung der Vielfalt am Arbeitsplatz" oder einfach „Betriebsvereinbarung zur Konfliktbewältigung am Arbeitsplatz".

Eine Betriebsvereinbarung bezüglich Mobbing sollte grob

a) in einer Präambel Sinn und Zweck der Regelung sowie den Geltungsbereich und ggf. den Zusammenhang mit anderen betrieblichen Regelungen festlegen,
b) eine Begriffsbestimmung vornehmen und ggf. auch beispielhafte Mobbinghandlungen, z. B. nach der Leymann Liste (Leymann 2006, S. 33 f.) oder aus der Trierer Mobbing Kurz-Skala auflisten (siehe Abschn. 10.5),
c) Anlaufstellen und Ansprechpartner für Betroffene und deren Rechte und Pflichten benennen,
d) den offiziellen Beschwerdeablauf festlegen (siehe Abb. 10.1 und 10.2),
e) betriebliche Maßnahmen bei Verstößen gegen die Betriebsvereinbarung nennen und
f) den gemeinsamen Willen bekunden, Beschäftigte, Führungskräfte und betriebliche Akteure zum Thema Mobbing zu sensibilisieren und im Umgang damit zu qualifizieren (entsprechend § 12 Abs. 2 AGG).

Konfliktmanagement

In der Regel gibt es für Betroffene im Unternehmen im Konflikt- und Mobbingfall zwei Wege, sich Hilfe und Unterstützung zu holen und Konflikt zu lösen: Auf der einen Seite den hierarchischen, also über eigene Klärungsversuche mit den Konfliktparteien über Gespräche mit der jeweils nächsthöheren Führungskraft bis hin zum Weg zur Personalabteilung. Auf der anderen Seite der Weg über die jeweilige Interessenvertretung bis hin zum Betriebs- oder Personalrat oder zur Mitarbeitervertretung. Neben diesen idealtypischen Wegen kann ein dritter Weg der Konfliktklärung über interne Konfliktlotsen, interne und externe Konfliktberatung und schließlich eine interne Schiedskommission etabliert werden, der sich in der Praxis mit den anderen beiden überschneidet und gegenseitig ergänzt (Abb. 10.1).

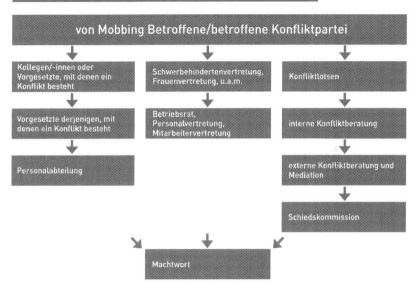

Abb. 10.1 Wege der betrieblichen Konfliktklärung. (© C. Burfeind 2020)

Diese drei prinzipiellen Wege sind nicht und sollten nicht getrennt voneinander gegangen werden, sondern miteinander in Verbindung stehen. Im Rahmen eines betrieblichen Konfliktmanagements, das in einer Betriebsvereinbarung geregelt wird, sollte daher ein idealer Ablauf einer Konfliktklärung im Zusammenspiel der inner- und außerbetrieblich zu beteiligenden Akteure aufgezeigt werden. Der Beschwerdeablauf beschreibt, welcher Konfliktklärungsversuch mit welchen Beteiligten unternommen werden soll, sollte der jeweils vorhergehende Klärungsversuch nicht erfolgreich oder aus anderen Gründen nicht möglich sein (Abb. 10.2). Betroffene und Führungskräfte sollten angehalten sein, diesen Weg einzuhalten.

Es kann hilfreich sein, sich beim Abschluss einer entsprechenden Betriebsvereinbarung und beim Aufbau eines Konfliktmanagementsystems extern beraten und begleiten zulassen, um pragmatisch gute Lösung zu finden und sich nicht innerbetrieblich zwischen Unternehmensleitung und Beschäftigtenvertretungen aufzureiben.

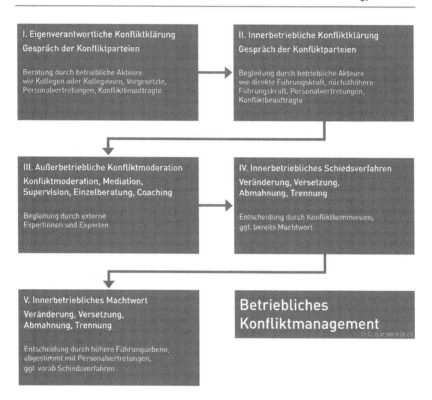

Abb. 10.2 Betriebliches Konfliktmanagement. (© C. Burfeind 2020)

Konfliktlotsen und Konfliktbeauftragte
Wenn betrieblich möglich, kann im Zusammenhang mit einer Betriebs- oder
Dienstvereinbarung auch eine unabhängige Anlaufstelle für Konflikte und
Mobbing im Betrieb eingerichtet werden. Diese Konfliktlotsen oder Konflikt-
beauftragten sind erste Ansprechpartner und Ansprechpartnerinnen für
Betroffene. Sie stehen aber auch Vorgesetzten und anderen Kolleginnen und
Kollegen beratend zur Seite. *Konfliktlotsen* übernehmen in der Regel eher die
Funktion zu klären, welche Schritte und Maßnahmen im Rahmen der Klärung
sinnvoll sind. Sie übernehmen eher die Rolle einer Clearingstelle, die an
weitere interne oder externe Akteure verweist. *Konfliktbeauftragte* können diese
Funktion ebenfalls übernehmen, sie sind in der Regel aber stärker beratend tätig

und begleiten die Ratsuchenden auch bei der weiteren Konfliktklärung, ggf. moderieren sie auch selber Klärungsgespräche mit allen Beteiligten.

Konfliktbeauftragte und auch Konfliktlotsen benötigen in jedem Fall eine intensive, in der Regel nicht im Betrieb zu leistende Aus- oder Fortbildung. Sollte eine eigene Funktionsstelle aufgrund der Größe des Unternehmens nicht praktikabel sein, kann diese Funktion auch an andere – dann aber nicht weisungsgebunden handelnde – Funktionsstellen z. B. im betrieblichen Gesundheitsmanagement oder in der Schwerbehindertenvertretung gekoppelt werden.

Externe Konfliktberatung

Sollte eine interne Konfliktbeauftragung nicht sinnvoll erscheinen – oder auch parallel zur internen Konfliktberatungsstelle – kann es sinnvoll sein, mit externen Konfliktberaterinnen und Konfliktberatern sowie Mediatorinnen und Mediatoren zu arbeiten – von Fall zu Fall oder im Rahmen einer Rahmenvereinbarung. Diese externe Konfliktberatung sollte für Betroffene und Vorgesetzte in Anspruch genommen werden können. Insbesondere Führungskräfte werden eher zögern, eine interne Beratung in Anspruch zu nehmen, sofern sie nicht zumindest auch von einer Führungskraft angeboten wird. Von Mobbing Betroffene sollten vielleicht sogar noch *vor* eigenen Lösungsversuchen eine externe und damit in der Beratung unabhängige Konfliktberatung in Anspruch nehmen, insbesondere dann, wenn sie bezüglich ihres eigenen Erlebens, der Einschätzung der Situation und auch ihrem eigenen Verhalten den agierenden Personen gegenüber ambivalent und unsicher sind.

Der Vorteil externer Beratung ist, dass sie für die Ratsuchenden anonymer und in der Beratung unabhängiger geschehen kann, als eine interne, von Kolleginnen und Kollegen durchgeführte Beratung. Andererseits sind die betrieblichen Interventionsmöglichkeiten externer Beraterinnen und Berater in der Regel eingeschränkter, als bei internen Konfliktbeauftragten. Im besten Fall werden bereits vor einem ersten Mobbingfall im Unternehmen Vereinbarungen oder Absprachen mit externen Konfliktberatern getroffen, um diese im konkreten Fall schnell einbeziehen zu können. Auch eine frühzeitige Kontaktaufnahme zu einer gemeinnützig arbeitenden Mobbingberatungsstelle kann hier von Bedeutung sein.

Schiedskommission

Falls interne oder externe Konfliktklärungsversuche – auch im Fall von Mobbing – scheitern, also auch bei einem Konfliktmanagement mit Konfliktlotsen, interner Konfliktberatung und externer Konfliktberatung oder Mediation, können Unternehmen auch eine Schiedskommission einrichten, die den nicht lösbaren Konfliktfall schiedlich und im bestmöglichen Sinn für alle Beteiligten löst. Sie sollte paritätisch, mit Konfliktbeauftragten, Schwerbehindertenvertretung und Gleichstellungsbeauftragten und ggf. zusätzlich einer dafür beauftragten Führungskraft und einem oder einer beauftragten Beschäftigten ohne weitere Funktion besetzt sein.

Machtwort
Sollte keine Schiedskommission vorhanden sein und der Konfliktfall nicht gütlich geregelt werden können, muss von entscheidungsbefugter Stelle eine Entscheidung getroffen werden – nach Moderation und Mediation folgt ein Machtwort –, denn keine Entscheidung ist meist eine Entscheidung gegen die Betroffenen. Diese Entscheidung kann in der Regel von derjenigen Führungskraft getroffen werden, die die nächsthöhere über den am Konflikt beteiligten Akteuren ist. Sollte ein Konflikt oder Mobbing jedoch bereits weit Fortgeschritten und trotz vieler Versuche keine Einigung erzielt worden sein, dann sollte diese Machtentscheidung in der Regel von der personalverantwortlichen Stelle oder der Unternehmensleitung selber getroffen werden.

10.3 Fort- und Weiterbildung, Personalentwicklung

Schulungen, Kurse und Vorträge sensibilisieren Vorgesetzte und Beschäftigte für psychosoziale Belastungsfaktoren am Arbeitsplatz, einen konfliktfreien Umgang miteinander, Gesprächsführung und Kommunikation, Resilienz und Selbstwirksamkeit sowie für Ursachen und Folgen von Konflikten und Mobbing.

Schulungen für Führungskräfte und Personalauswahl
Führungskräfte sind betriebliche Multiplikatoren und für die Beschäftigten erste sichtbare Akteure der Unternehmenskultur. In Ausübung ihrer Führungstätigkeit sind sie Erfüllungs- und Verrichtungsgehilfen der Arbeitgeber (§ 278 und § 831 BGB). Sie sollen dazu beitragen, dass ein unangemessener Umgang keinen Platz im Unternehmen hat. Dazu gehören auch die Durchsetzung von Gesprächs- und Verhaltensregeln z. B. für Besprechungen und Teamsitzungen und bereits das frühzeitige Wahrnehmen und Unterbinden von z. B. Augenrollen bei Gesprächsbeiträgen einzelner Personen. Schulungen für Führungskräfte zum Umgang mit schwierigen Situationen im Team können Vorgesetzte zusätzlich unterstützen, ihre psychosozialen Kompetenzen zu erweitern, um zeitnah, sensibel, respektvoll aber auch verbindlich belastende und konfliktreiche Arbeitssituationen anzusprechen und deeskalierend einzuwirken.

Grundsätzlich sollte das Thema psychosozialer Kompetenzen ohnehin bereits bei der Personalauswahl von großer Bedeutung sein, denn psychische Belastungen (umgangssprachlich: Stress, arbeitspsychologisch: psychische Fehlbeanspruchungen) gehören zu den wichtigsten Ursachen für eine reduzierte Arbeitsfähigkeit. Und der Erhalt und die Förderung der Arbeitsfähigkeit der Beschäftigten sollte Ziel eines jeden Unternehmens sein.

Schulungen für betriebliche Akteure
Auch betrieblichen Funktionsträgern wie Schwerbehindertenvertretungen, Betriebs- und Personalräten, Gesundheitsmanager/-innen u. a. m. können Schulungen und Trainings Sicherheit im Umgang mit von Mobbing betroffenen Beschäftigten geben. Diese Funktionsträger stehen in der Gefahr, sich sehr schnell aufseiten der betroffenen Person zu positionieren, weil es in ihrer Vertretungsfunktion liegt, Partei für die Beschäftigten zu ergreifen, und weil es häufig auch dem eigene Anspruch an diese Funktion entspricht, Mitarbeiterinnen und Mitarbeitern „zu helfen". Im Gespräch mit von Mobbing Betroffenen sind aber gerade der sachliche Blick und die Distanz bei gleichzeitiger Empathie und Unterstützung wichtige Faktoren, um überhaupt zu einer Lösung zu kommen. Für diese Situationen können Schulungen helfen, die eigene professionelle Rolle einzunehmen und zu halten.

Schulungen für Beschäftigte
Nicht nur Führungskräfte und betriebliche Akteure sind verantwortlich für die Unternehmenskultur, auch die Beschäftigten selber müssen aktiv zur Unternehmenskultur beitragen und die sie beeinträchtigenden Dinge aktiv ansprechen. Trainings zu Resilienz und Achtsamkeit oder zur Gewaltfreien Kommunikation (GFK) nach Rosenberg können helfen, Meinungsverschiedenheiten sachlich auszutragen, Konflikte und Krisen frühzeitig zu erkennen und selbstwirksam zur Lösung beizutragen.

10.4 Information

Artikel in Betriebszeitungen und im Intranet
In jedem Fall sollten die Themen Konflikte und Mobbing – wie auch alle anderen Gesundheitsthemen – regelmäßig innerbetrieblich besprochen und die betrieblichen Möglichkeiten des Umgangs damit aufgezeigt werden, denn Betriebs- und Dienstvereinbarungen. Führungsleitlinien und *Codes of Conduct* sind nur so wirksam, wie ihr Bekanntheitsgrad im Unternehmen. Nur dann, wenn allen Mitarbeiterinnen, Mitarbeitern und Führungskräften die entsprechenden Vorgaben

und Regelungen bekannt sind, sind sie auch gegenseitig darauf ansprechbar und kann Mobbingprävention gelebt und durchgesetzt werden. Hilfreich ist es auch, im Intranet nicht nur über innerbetriebliche, sondern auch über außerbetriebliche Anlaufstellen im Fall von Mobbing oder andere gesundheitliche Themen zu informieren. Eine solche Liste sollte zentral geführt und regelmäßig aktualisiert werden.

⯮   Betriebs- und Dienstvereinbarungen, Führungsleitlinien und *Codes of Conduct* sind nur so wirksam, wie ihr Bekanntheitsgrad im Unternehmen.

Jahresthema im Gesundheitsmanagement
Im Zusammenhang mit dem Abschluss einer entsprechenden Betriebsvereinbarung, aber auch unabhängig davon, kann es sinnvoll sein, das Themenfeld partnerschaftlicher Umgang, Belästigung, Konflikte und Mobbing am Arbeitsplatz zum Jahresthema mit ganz unterschiedlichen Maßnahmen im Gesundheits- und Personalmanagement zu machen, von Beiträgen in der Betriebszeitung, Vorträgen für Führungskräfte, Seminaren und Workshops für alle Beschäftigten bis hin zu einem Gesundheitstag als Auftakt des Themenjahrs und einer Abschlussveranstaltung zum Jahresende.

10.5   Analysen und Befragungen

Trierer Mobbing Kurz-Skala (TMSK)
Das wichtigste standardisierte Analyseverfahren im deutschsprachigen Raum zum Erkennen von Mobbing ist das *Leymann Inventory of Psychological Terror (LIPT)*. Deutlich kürzer, ökonomischer und laut Autoren bei der Erfassung von Mobbing dem *LIPT* sogar leicht überlegen ist die *Trierer Mobbing-Kurz-Skala (TMSK)* (Klusemann et al. 2008; vgl. auch Schwickerath und Holz S. 35, die die *TMKS* im online Material zugänglich machen). Sie ist ein Verfahren, dass sich nicht nur zur Diagnostik sondern auch als Screening-Instrument eignet, um einen Überblick über die allgemeine Mobbing-Situation zu gewinnen (Klusemann et al. 2008, S. 323).

In einer sechsstufigen Skala werden insgesamt zehn Fragen zu erlebten Mobbinghandlungen beantwortet. Diese Fragen orientieren sich an den von Zapf und Kuhl (1999) identifizierten Bereichen: organisationale Maßnahmen, soziale Isolation, Angriffe auf die Person, verbale Aggression, Gerüchte. Fragen sind z. B. „Bei meiner Arbeit werden mir sinnlose Aufgaben zugewiesen," „Bei meiner Arbeit spricht man nicht mehr mit mir," „Bei meiner Arbeit wird hinter meinem Rücken schlecht über mich geredet." Ergänzend wird nach der Häufigkeit („Wie häufig im Monat …") und der Dauer ("Seit wie vielen Monaten …") der erlebten Situationen gefragt. Von einer Mobbingsituation ist dann auszugehen, wenn eine Person *eine* der genannten Mobbinghandlungen mit einem Wert oberhalb des Mittelwerts seit mindestens *sechs Monaten* mindestens *viermal im Monat* erlebt.

Im Rahmen einer Befragung zu den psychosozialen Arbeitsbedingungen oder im Rahmen einer psychischen Gefährdungsbeurteilung könnten die *TMKS* oder einzelne Fragen der *TMKS* oder des *LIPT* ergänzend verwendet werden. Das sollte allerdings nur dann geschehen, wenn auch ein Konzept dazu vorliegt, wie mit einem Befragungsergebnis umgegangen werden soll, das ein starkes Mobbinggeschehen im Unternehmen vermuten lässt.

Psychische Gefährdungsbeurteilung

> "Die Arbeit ist so zu gestalten, dass eine Gefährdung für das Leben sowie die physische und die psychische Gesundheit möglichst vermieden und gering gehalten wird." (§ 4 Abs. 1 ArbSchG)

"Die Arbeit ist so zu gestalten, dass eine Gefährdung für das Leben sowie die physische und die psychische Gesundheit möglichst vermieden und gering gehalten wird." (§ 4 Abs. 1 ArbSchG) Alle Unternehmen in Deutschland sind daher nach dem Arbeitsschutzgesetz (§§ 4 und 5 ArbSchG) verpflichtet, regelmäßig eine sogenannte psychische Gefährdungsanalyse oder -beurteilung durchzuführen (Abb. 10.3; (vgl. *baua* 2014; *Geschäftsstelle der Nationalen Arbeitsschutzkonferenz 2017, 2018*). In den fünf Feldern: Arbeitsaufgabe, Arbeitsorganisation, Arbeitsumgebung, Soziale Beziehungen und Neue Arbeitsformen wird die Arbeitssituation erfasst, um in einem nächsten Schritt dort, wo es mit angemessenen Mitteln möglich ist, Maßnahmen zu ergreifen, um die wichtigsten Belastungssituationen – vergleichbar dem TOP-Prinzip des Arbeitsschutzes – ganz zu vermeiden ("technische Maßnahmen"), sie zu reduzieren ("organisatorische Maßnahmen") oder die Beschäftigten im Umgang mit verbleibenden Belastungen zu unterstützen ("personenbezogene Maßnahmen").

Mitarbeiterbefragungen zu psychischen Belastungen am Arbeitsplatz – aber ebenso auch beteiligungsorientierte Workshops –, die im Rahmen einer psychischen Gefährdungsbeurteilung (GBU-Psyche) durchgeführt werden, geben in der Regel einen sehr guten Aufschluss über belastete Formen der Arbeit und der Zusammenarbeit im Unternehmen und in einzelnen Abteilungen, die u. a. das Konflikt- und Mobbingrisiko erhöhen. Auf Grundlage der Befragungsergebnisse können dann zielgenau Maßnahmen zur Reduktion kritischer Belastungssituationen getroffen werden.

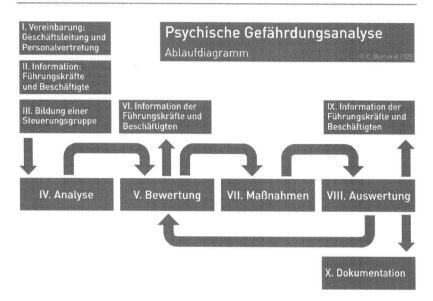

Abb. 10.3 Ablaufdiagramm einer psychischen Gefährdungsbeurteilung. (© C. Burfeind 2020)

INFO PSYCHISCHE GESUNDHEIT

Die Weltgesundheitsorganisation (WHO) versteht psychische Gesundheit als einen „Zustand des Wohlbefindens, in dem der oder die Einzelne seine oder ihre Fähigkeiten ausschöpfen, die normalen Lebensbelastungen bewältigen, produktiv und fruchtbar arbeiten kann und imstande ist, etwas zu seiner Gemeinschaft beizutragen." (WHO 2001) Genau diese für das Wohlbefinden und die psychische Gesundheit förderlichen Arbeitsbedingungen werden jedoch beim Mobbing angegriffen. Psychische Gesundheit am Arbeitsplatz und Mobbing sind untrennbar miteinander verbunden.

Die Erfassung und Reduktion psychischer Belastungen am Arbeitsplatz mithilfe einer psychischen Gefährdungsbeurteilung fördert die psychische Gesundheit und Arbeitsfähigkeit der Beschäftigten und wirkt Konflikten und Mobbing entgegen.

Was Sie aus diesem *essential* mitnehmen können

- Mobbing ist ein systemisches Geschehen in der Wechselwirkung von Organisation und Führung, Mobbern und von Mobbing Betroffenen.
- Mobbing schottet sich strukturell gegen konstruktive Lösungsversuche ab. Betroffene können kaum „richtig" handeln.
- Der Schutz und die Stärkung der betroffenen Person haben Vorrang vor anderen betrieblichen Maßnahmen.
- Mobbingprävention beginnt bereits da, wo unangemessenes Sozial- und Kommunikationsverhalten umgehend thematisiert und sanktioniert wird.
- Stress befördert Mobbing und Mobbing stresst. Die beste Mobbingprävention ist die Reduktion psychischer Belastungen und der Erhalt, die Förderung und die Unterstützung bei der Wiederherstellung der psychischen Gesundheit am Arbeitsplatz.

© Der/die Herausgeber bzw. der/die Autor(en), exklusiv lizenziert durch Springer Fachmedien Wiesbaden GmbH, ein Teil von Springer Nature 2020
C. Burfeind, *Mobbing am Arbeitsplatz erkennen und verstehen,* essentials,
https://doi.org/10.1007/978-3-658-31286-2

Literatur

Badura, B., Greiner, W., Rixgens, P., Ueberle, M., Behr, M. (Hrsg.) (2013). *Sozialkapital. Grundlagen von Gesundheit und Unternehmenserfolg.* 2. Aufl. Berlin und Heidelberg: Springer Gabler.

Badura, B., Walter, U. (2014) Führungskultur auf dem Prüfstand. In: Badura, B., Ducki, A., Schröder, H., Kose, J., Meyer, M. (Hrsg.) (2014). *Fehlzeiten-Report 2014. Erfolgreiche Unternehmen von morgen – gesunde Zukunft heute gestalten.* Berlin und Heidelberg: Springer.

baua (2011). *Wenn aus Kollegen Feinde werden. Der Ratgeber zum Umgang mit Mobbing.* 6. Aufl. 2011 Berlin.

baua (2014). *Gefährdungsbeurteilung psychischer Belastung – Erfahrungen und Empfehlungen.* Berlin: Erich Schmidt.

Bundesagentur für Arbeit (2020). Statistik nach Themen – Beschäftigung. https://statistik.arbeitsagentur.de/Navigation/Statistik/Statistik-nach-Themen/Beschaeftigung/Beschaeftigung-Nav.html. Zugegriffen am 24. Juni 2020.

Benecke, M. (2008). Mobbing: Persönlichkeitsschutz und Haftung des Arbeitgebers. *Recht der Arbeit (RdA).* 2008, 6, 357–362.

Braungardt, T., Vogel, M., Schmiedeberg, J., Schneider, W. (2013). Mobbing – Inflation eines Begriffs vs. traurige Realität. *Psychotherapeut* 3/2013, 1–12.

Bündnis gegen Cybermobbing (2014). Mobbing und Cybermobbing bei Erwachsenen. Eine empirische Bestandsaufnahme in Deutschland. Karlsruhe. (Download unter https://www.buendnis-gegen-cybermobbing.de/fileadmin/pdf/studien/studie_mobbing_cyber-mobbing_erwachsene.pdf. Zugegriffen am 26. Juni 2020)

Bündnis gegen Cybermobbing (2018). Mobbing und Cybermobbing bei Erwachsenen – die allgegenwärtige Gefahr. Eine empirische Bestandsaufnahme in Deutschland, Österreich und der deutschsprachigen Schweiz. Karlsruhe. (Download unter https://www.buendnis-gegen-cybermobbing.de/fileadmin/pdf/studien/mobbingstudie_erwachsene_2018.pdf. Zugegriffen am 26. Juni 2020)

Demerouti, E., Fergen, A., Glaser, J., Herbig, B., Hofmann, A., Nachreiner, F., Packebusch, L., Seiler, K. (2012). *Psychische Belastung und Beanspruchung am Arbeitsplatz – Inklusive DIN EN ISO 10075-1 bis -3.* Berlin, Wien, Zürich: Beuth.

Esser, A., Wolmerath, M. (2008). *Mobbing. Der Ratgeber für Betroffene und ihre Interessenvertretung.* 7. Aufl. Frankfurt a. M.: Bund.

Eurofound (2015). *Violence and harassment in European workplaces. Causes, impacts and policies.* Dublin.

Eurofound (2017). *Sixth European Working Conditions Survey – Overview report* (2017 update), *Publications Office of the European Union,* Luxembourg.

Glasl, F. (2004). *Selbsthilfe in Konflikten. Konzepte – Übungen – Praktische Methoden.* 4. Aufl. Stuttgart und Bern: Verlag Freies Geistesleben und Haupt Verlag.

Glasl, F. (2013). *Konfliktmanagement. Ein Handbuch für Führungskräfte, Beraterinnen und Berater.* 11. Aufl. Stuttgart und Bern: Verlag Freies Geistesleben und Haupt Verlag.

Geschäftsstelle der Nationalen Arbeitsschutzkonferenz (Hrsg.) (2017). *Leitlinie Gefährdungsbeurteilung und Dokumentation.* Stand: 22. Mai 2017. https://www.gda-portal.de/DE/Downloads/pdf/Leitlinie-Gefaehrdungsbeurteilung.pdf?__blob=publicationFile. Zugegriffen am 26. Juni 2020.

Geschäftsstelle der Nationalen Arbeitsschutzkonferenz (Hrsg.) (2018). *Leitlinie Beratung und Überwachung bei psychischer Belastung am Arbeitsplatz.* Stand: 11. Januar 2018. http://www.gda-portal.de/DE/Downloads/pdf/Leitlinie-Psych-Belastung.pdf?__blob=publicationFile. Zugegriffen am 26. Juni 2020.

Grausgruber, A. (2005). Formen und Entstehungsmodelle. In: Gaebel, W., Möller, H.-J., Rössler, W. (Hrsg.) (2005) *Stigma – Diskriminierung – Bewältigung. Der Umgang mit sozialer Ausgrenzung psychisch Kranker.* Stuttgart: Kohlhammer. S. 18–39.

Klusemann, J., Nikolaides, A., Brunn, M., Schwickerath, J., Kneip, V. (2008). Trierer Mobbing-Kurz-Skala (TMKS). Validierung eines Screening-Instrumentes zur diagnostischen Erfassung von Mobbing am Arbeitsplatz. *Klinische Verhaltensmedizin und Rehabilitation,* 21 (82). 323–334.

Kolodej, Chr. (2016). *Strukturaufstellungen für Konflikte, Mobbing und Mediation – Vom sichtbaren Unsichtbaren.* Wiesbaden: Springer.

Köllner, V. (2017). Mobbing am Arbeitsplatz. In: Badura, B., Ducki, A., Schröder, H., Klose, J., Meyer, M. (Hrsg.) (2017). *Fehlzeiten-Report 2017. Krise und Gesundheit – Ursachen, Prävention, Bewältigung.* Berlin: Springer.

König, K. (1998). *Arbeitsstörungen und Persönlichkeit.* Bonn: Psychiatrie.

Leymann, H. (2006). *Mobbing. Psychoterror am Arbeitsplatz und wie man sich dagegen wehren kann.* 13. Aufl. Hamburg: Rowohlt.

Link, B. G., Phelan, J. C. (1999). Labeling and Stigma. In: Aneshensel, C. S., Phelan, J. C. (Hrsg.) *The Handbook oft he Sociology of Mental Health.* New York: Plenum, S. 481–494.

Link, B. G., Phelan, J. C. (2001). Conceptualizing stigma. *Annual Review of Sociology* 27:363–385.

Litzcke, S., Schuh, H., Pletke, M. (2013). *Stress, Mobbing, Burn-out am Arbeitsplatz.* 6. Aufl. Berlin und Heidelberg: Springer.

Lorenz, K. (2004). *Das sogenannt Böse. Zur Naturgeschichte der Aggression.* 24. Aufl. München: dtv.

Meschkutat, B., Stackelbeck, M., Langenhoff, G. (2002). *Der Mobbing-Report. Eine Repräsentativstudie für die Bundesrepublik Deutschland. Schriftenreihe der Bundesanstalt für Arbeitsschutz und Arbeitsmedizin – Forschung – Fb 951.* Dortmund und Berlin („Mobbing-Report").

Literatur

Neyer, F. J., Asendorpf, J. B. (2018). *Psychologie der Persönlichkeit*. Berlin: Springer.
Prein, H. (2007). *Trainingsboek conflicthantering en mediation*. Houten: Bohn Stafleu van Loghum
Rönnau-Böse, M., Fröhlich-Gildhoff, K. (2014). *Resilienz im Kita-Alltag – Was Kinder stark und widerstandsfähig macht*. Freiburg, Basel, Wien: Herder.
Rüttinger, B., Sauer, J. (2016) *Konflikt und Konfliktlösen. Kritische Situationen erkennen und bewältigen*. 3. Aufl. Wiesbaden: Springer Gabler.
Schwickerath, J., Holz, M. (2012). *Mobbing am Arbeitsplatz – Trainingsmanual für Psychotherapie und Beratung*. Weinheim und Basel: Beltz.
Uhle, T., Treier, M. (2019). *Betriebliches Gesundheitsmanagement. Gesundheitsförderung in der Arbeitswelt – Mitarbeiter einbinden, Prozesse gestalten, Erfolge messen*. 4. Aufl. Wiesbaden: Springer.
WHO (2001). Strengthening mental health promotion, Geneva 2001. *Fact sheet no. 220*. (Zitiert nach EU Grünbuch [2005]. *Die psychische Gesundheit der Bevölkerung verbessern*. Brüssel)
Winckler, P. (Hrsg.) (2004). *Handbuch Mobbing-Rechtsschutz*. Heidelberg: C. F. Müller.
Zapf, D., Kuhl, M. (1999). Mobbing am Arbeitsplatz: Ursachen und Auswirkungen. In: Badura, B., Litsch, M, Vetter, Chr. (Hrsg.) *Fehlzeiten-Report 1999 – Psychische Belastungen am Arbeitsplatz*. Berlin und Heidelberg: Springer. 89–97.

Ergänzende Literatur

Hirigoyen, M.-F. (2004). *Mobbing – Wenn der Job zur Hölle wird. Seelische Gewalt am Arbeitsplatz und wie man sich dagegen wehrt*. München: dtv.
Kolodej, Chr. (2018). *Psychologische Selbsthilfe bei Mobbing – Zuversicht, Vertrauen, Veränderung*. Wiesbaden: Springer.
König, K. (2010). *Kleine psychoanalytische Charakterkunde*. 10. Aufl. Göttingen: Vandenhoek & Ruprecht.
König, K. (2011). *Arbeit und Persönlichkeit: Individuelle und interpersonelle Aspekte*. Frankfurt a. M.: Brandes & Apsel
Merk, K. (2014). *Mobbing – Praxisleitfaden für Betriebe und Organisationen*. Wiesbaden: Springer Gabler.
Proksch, S. (2010). *Konfliktmanagement im Unternehmen. Mediation als Instrument für Konflikt- und Kooperationsmanagement am Arbeitsplatz*. Berlin und Heidelberg: Springer.
Schwickerath, J. (2014). *Mobbing erfolgreich bewältigen – In vier Schritten aus der Mobbingfalle*. Weinheim und Basel: Beltz.